JN022529

税務のわかる
弁護士が教える

弁護士・税理士
谷原 誠［編著］

弁護士法人
みらい総合法律事務所［著］

税賠トラブルを防ぐ事業承継対策

ぎょうせい

❖まえがき❖

　今後10年の間に、70歳を超える中小企業・小規模事業者の経営者は約245万人となり、うち約半数の127万人（日本企業全体の1/3）が後継者未定とされています。

　そして、現状を放置すると、中小企業廃業の急増により、2025年頃までの10年間累計で約650万人の雇用、約22兆円のGDPが失われる可能性があるとされています。

　政府は、平成30年度の税制改正で法人用の事業承継税制の特例措置を拡充し、令和元年度の税制改正で個人版事業承継税制を導入しました。

　中小企業庁によると、その結果、事業承継税制の申請が爆発的に伸びているとのことです。

　中小企業の事業承継については、税理士が主導的な役割を担っていることが多いと思われます。しかし、事業承継を行うには、株式に関する法律問題、相続に関する法律問題、各種会社法に関する問題等複雑な法律問題を処理しなければなりません。

　税務の専門家である税理士が、複雑な法律問題について、各分野の専門書を参照しながら業務を行うのは大変です。税理士が執筆した事業承継に関する書籍は多いのですが、弁護士が執筆した事業承継法務の書籍は多くありません。

　そこで、本書では、税理士が事業承継業務を行うに際して理解しておくべき法律知識について解説します。法務に関し説明しつつ、折りに触れて税務についても解説します。

　ところで、税理士が事業承継税制の適用を躊躇する大きな理由の一つは、同税制には納税猶予の打ち切り事由が多数定められており、同事由に該当した場合には、納税猶予の適用を受けることができず、多額の納税が生じてしまうことがある点にあると推察されます。そして、それに

よって納税者に生じた損害の原因が税理士の善管注意義務違反にあるとされた際には、税理士に多額の損害賠償責任が発生する、というところにあると推察されます。

　このため、本書では、税理士が特例事業承継税制に関する業務を行う際に、いかにして税理士損害賠償を回避するか、も検討いたします。

　なお、上場企業になると、金融商品取引法、金融商品取引所規則などに多くの紙面を割かなければならなくなるので、本書では非上場企業を対象としています。

　令和2年7月

谷原　誠

目　　次

まえがき

第2章　事業承継における会社法の利用

第5章　経営者保証ガイドラインの活用

第6章　遺留分対策

第7章　スキーム別事業承継

第8章　M & A

第9章　事業承継税制の特例措置における税理士損害賠償防止法

第1章

総　　論
〜事業承継の基礎知識〜

1 本書の目的

(1) 事業承継総論

　日本の人口は2008年にピークを迎え、2011年からは、はっきりと減少に転じています。そして今後、将来的に減少傾向が続くことは明らかです。年齢別の内訳を見ますと、64歳以下の生産年齢人口が減少する一方で、75歳以上の高齢者の割合は増加し続けており、日本の高齢化の進行は顕著といえます。

　社会全体が高齢化していますので、日本に存在する企業者の99.7%以上を占める中小企業・小規模事業者にとっても、高齢化が進んでいることは当然です。1992年から2017年までの25年間で、59歳以下の経営者（個人事業主も含む。）は45%もの割合で減少し、他方、60歳以上の経営者は、同期間に25%も増加しています。その結果、2017年の時点では既に、60歳以上の経営者の数が59歳以下の経営者の数を上回っているのです。

　これを特に中小企業の経営者の年齢についてみると、最も多い経営者の年齢は、1995年には47歳でしたが、2018年には69歳になっており、経営者の高齢化はもはや中小企業に共通する課題といっても過言ではありません。

　そしてこの高齢化の流れとともに、中小企業・小規模事業者の数は、減少し続けています。日本の企業数は1999年以降減少傾向にありますが、日本の企業者の99%以上にあたる358万社の中小企業・小規模事業者のうち、特に小規模事業者については1999年以降、一貫して減少しているだけでなく、その減少幅が増加してきており、事業者の廃業が加速しているという状況です。このようなデータから見ても、現在の社会において中小企業の後継者問題が喫緊の課題であることが明ら

かです。

　このような社会の流れの中、中小企業を実際に経営しておられる経営者の方々の多くにとっては、ご自身が年齢を重ねていることを踏まえ、後継者問題に頭を悩ませていることと思います。

　しかしながらその一方で、自身の後継者問題解決のための具体的な解決策を持っている、そして実際に解決策を実行しているという経営者は、多くないのではないでしょうか。いざ後継者問題に取り組もうと思っても、後継者問題の解決にはどのような方法があるのか、そしてそのためにいつから、何を、どのように始めればいいのか、ということがわからなければ、具体的な解決策を考えることができません。

　このような中小企業経営者のために、中小企業に最も近い専門家である税理士が事業承継に関する知識を備えた上で、経営者の後継者問題に関与していくことは、経営者がこれを求めているだけでなく、まさに社会が求めていることといえるでしょう。

(2)　専門家の役割

　それでは、専門家である税理士として、後継者問題に悩む中小企業経営者に対してアドバイスをする際、どのような点に気を付ければよいでしょうか。

　後継者問題を解決することとは、その中小企業の現状を把握し、事業承継の手段を検討し、立案した計画を実行していくことだといえます。そして税理士であれば、その中小企業の現在の財務状況を把握することはそれほど難しいことではないかもしれません。その中小企業の顧問税理士であればなおさらです。一方で、その中小企業の事業承継に関係する事実関係についての法的な視点からの現状の把握、また事業承継の手段の検討やその実行の際に問題となる法的問題を網羅的に把握することは、税理士にとっても容易ではないと思います。

　なぜなら事業承継と一口にいっても、その手段は一つではなく、多種

多様な手段、方法があるからです。そしてそのそれぞれの手段・方法において、注意点や検討を要する法的論点が存在します。

　中小企業の経営者に対して後継者問題のアドバイスをする際に、これらの法律的な問題点を網羅的に抑えておくことができなければ、経営者の意向と異なる結論を導くアドバイスをしてしまったり、経営者の意向を実現するための手段が本来はあるにも関わらず、その方法をアドバイスすることができない、またそのために必要な手続を行わなかった、という失敗をしてしまう可能性があります。そしてその結果、事業承継がうまくいかなかったり、そればかりか一旦完了したはずの事業承継の結果を後継者以外の第三者から否定されてしまう、というようなことが起こる可能性があります。

　さらに、事業承継に要する時間の点で、経営者に対するアドバイスが適切でない場合、経営者の意向の確認、方針の策定のために余計に時間を要することとなります。そしていざ計画を立て、手続を履践しようと思っても、策定した方針が実際の会社の状況に合致しなかったり、その方針では経営者の最終的な意向を達成できないことが判明したりなどすれば、方針の修正を迫られ、さらに時間を要することとなります。このような事態になることは、専門家の責任で避けなければなりません。経営者の意向をヒアリングしながら、それを現実可能な方針として計画を立案する専門家が責任を持ってリードしていかなくてはなりません。

⑶　本書の目的

　以上のような、中小企業の事業承継に関する現状、そしてこれに税理士が関与していく際の注意点を踏まえ、本書では、中小企業の事業承継について、事業承継のスキームについて、どのような手段・方法があるか、そしてそれぞれのスキームを行う際に問題となるポイントや必要となる手続を、網羅的に把握し、対処することができるようになることを目的としています。

2　事業承継の進め方

(1)　事業承継の準備と検討

　中小企業庁が作成する「事業承継ガイドライン」は、事業承継を、「事業承継に向けた準備の必要性の認識」（ステップ1）から始め、「経営状況・経営課題等の把握（見える化）」（ステップ2）を行い、「事業承継に向けた経営改善（磨き上げ）」（ステップ3）を行った上で、親族内承継、役員や従業員への承継（会社内承継）の場合には事業承継計画を策定し、社外への引継ぎの場合にはM&Aのマッチングの実施を行い（ステップ4）、その後に事業承継やM&Aの実行を行う（ステップ5）という5つのステップによる事業承継の進め方を紹介しています。

　本書で解説し、説明を行うのは、主にここでいうステップ4の検討や、ステップの5の実行に必要となる法的知識です。事業承継ガイドラインがステップ1～3を事前準備として定めるのは、これらの事前準備ができていなければ、経営者の本当の意向や、会社にとって本当に必要なことを経営者自身が認識することができず、そのような状況では、幾ら事業承継のスキームを検討しても、実効性を欠く場合が多いということを示唆するものといえるでしょう。

　一方で、経営者の意向がはっきりとしている場合や、事業承継の結果として求める状態を具体的にイメージできている場合には、その意向を実現するための事業承継のスキームは自ずと絞られてくるといえます。その場合には、それらの事業承継のスキームを実行することができる状態に会社を持っていく、変化させる、という作業をステップの1～3の代わりに行っていくことになるでしょう。

　以上のように整理すれば、事業承継ガイドラインのいうステップ4、ステップ5の段階の検討や、実行に必要となる手続の認識は、事業承継

の準備に着手する段階で把握し、知っておかなければならない知識であるということができます。

(2)　事業承継の実行の際の注意

　事業承継の実行は、上記事業承継ガイドラインで言えば、ステップ5の段階です。この段階において必要なことは、検討した結果として行う各種の行為について、法律上要求される手続を誤りなく行うことです。

　法律上要求される手続を誤りなく行うということは、あたり前のことではありますが、簡単なことではありません。事業承継という場面ではなく、通常の営業活動においても、中小企業にとっては会社法や民法で要求される各種の手続を不足なく実行することは容易ではありません。実際に、会社法が要求する株主総会や取締役会の決議等を、会社法上要求されるとおり誤りなく行うことができている中小企業は少ないのではないでしょうか。それが事業承継となると、会社法や民法の他、信託法や経営承継円滑化法上の手続を行う必要等も出てきますので、法律上要求される手続を誤りなく行うということは、決して簡単なことではありません。

　そして法律上の手続を欠いた場合、その行為は原則として無効となります。行為が無効ということは、法的には、その行為を行っていない状態ということです。そうすると、一連の事業承継の行為の一つの手続に誤りがあった場合、その行為が無効となる結果、その行為に続いて行われる行為が全て無効になってしまう、ということも起こり得るのです。

　中小企業の事業承継において、このような手続の誤りの危険性は、低いということはできません。そのため本書においては、各スキームの具体的手続についても、可能な限り解説しています。

3 事業承継の類型

(1) 事業承継の３つの類型

　中小企業の事業承継を類型化する視点としては、当該事業を誰に承継するか、すなわち現時点で経営者やその家族などの関係者が所有する会社という財産を、誰に承継するか、という点に着目する視点が一般的です。そしてこの視点からは、以下の３つのパターンに分類されることとなります。

　①　親族内承継
　②　役員、従業員への承継（相続人以外、かつ会社内での承継）
　③　M&A等による、社外への承継

　ここで注意しておくべきことは、これら①〜③のどの類型においても、事業承継として検討すべき手段は一つではないということです。以下に少し詳しく、各類型で考えるべき点を解説していきます。

(2) 親族内承継

■ ア 総 論

　日本の中小企業では、その会社の株式を経営者自身、及びその親族が保有するいわゆるオーナー経営者が圧倒的な多数を占めます。そのようなオーナー経営者やその家族の多くは、自社を「家業」と認識しており、「後を継ぐ」、「後を継がせる」という言葉に表れされるように、民法上の相続制度を前提に、会社を親族内で承継することを当然のことのように認識しています。

　また経営者及びその家族の資産としては、会社の株式など、会社に関する財産が全てということも多く、また一方で経営者の自宅など、経営者やその家族の個人資産が会社経営のための資産となっていることも多

いといえます。このような会社と、経営者及びその家族の財産が一体となっているという事実関係からは、相続という制度の利用により経営者の相続人が会社を承継することには、経営者の意向に沿うというばかりでなく、事業の継続性という観点からみても一定の合理性があるといえます。

　しかしながら親族内で承継するのが当然という考えのあまり、会社法や民法の相続制度への理解が不足したまま事業承継を進めてしまうと、経営者が予想しない思わぬ事態を招いたり、又は適切なスキームを選択すれば経営者の意向を実現することができるにもかかわらず、そのようなスキームの選択ができず、経営者の意向を実現できないということが起きているのではないでしょうか。

　以下では、親族内承継で、特に注意すべき段階について説明を行いながら、次章以降で詳述する事業承継に関する手段等を簡単に解説します。

イ　株式の集約

　親族内承継の場合、経営者の相続を念頭に置いて事業承継の手段の検討を行うことになりますが、その場合、経営者の相続人が複数いる場合（配偶者がいる、子供が二人以上いる、等）も当然想定されます。このとき、経営者としては、相続人の内、誰を後継者とするか、ということを決定する必要があることはもちろんですが、その決定した後継者に対し、経営権をどのように、またどの程度集中させるか、ということを決める必要があります。このうち前者の問題、すなわち会社の後継者を誰にするか、ということを事業承継の際に考えないということはないと思いますが、後者の問題、すなわち後継者に対し、経営権をどのように、またどの程度集中させるか、という点については、考えが及ばないことが多いのではないでしょうか。後述するように、経営権をどのように、またどの程度集中させるか、ということについては、様々な手段が存在し、経

営者の意向を幅広く実現することが可能です。ただし、どのような状況からでも経営者の意向を実現できるわけではありません。多くの場合、経営者の意向を実現していく手段を行う前提として必要になるのが、株式の集約という問題です。

　先に述べたとおり、日本の中小企業では「家業」という意識が強く、創業時に、経営者となる会社の代表者のみではなく、その家族も株式を引き受けていることがあります。また先代からの相続が法定相続分に従って行われた場合など、親族内に株式が散逸し、経営者である代表取締役が全ての株式を有していない状態となっていることも多いでしょう。事業承継の各種スキームの多くは現経営者や会社に株式が集約されていることを前提としています。そのため親族内承継を考えるにあたり、まずは現経営者に株式が集約されているかどうかを確認する必要があるのです。

　このとき一見して、経営者に株式が集約されているように見えても、経営者の株式の保有が会社法上適切なものか、ということが問題になる場合があります。また株主が経営者以外であったとしても、その人が会社法上正当な株主かという問題もあります。これらはいわゆる名義株といわれる問題です。現状、誰が株主であるかということはいわば検討のスタートラインですから、ここに疑義がある場合には、その確認を行う必要があります。これについては、**第2章**で解説していきます。

　そして経営者に株式を集約する必要がある場合には、経営者以外の株主から株式の譲渡を受けるなどの方法で、経営者に株式を集約することを検討します。しかしながら、株主との合意によって株式を集約することができない場合には、会社法等の規定を使い、強制的に株式を集約する方法を検討することになります。

　会社法の規定を活用して株式を取得する方法としては、会社が自己株式を取得する方法、譲渡制限株式の相続人等に対する売渡請求を行う方法、特別支配株主の株式売渡請求を行う方法、株式の併合を行う方法、さらに

種類株式を用いる方法として、全部取得条項付き種類株式を利用する方法などがあります。これらについても**第2章**で詳しく解説していきます。

　さらに株式の集約に自己資金では足りないという場合には、経営承継円滑化法に基づく金融支援を受けるという方法があります。これについては、**第4章**で説明します。

■　ウ　経営権の散逸防止

　経営者に株式等を集約させていたとしても、経営者の相続人が複数の場合に、特段の手立てを行うことなく経営者が死亡すれば、相続財産である会社の株式は法定相続分に従って相続されることになります。そうすると、せっかく経営者に集約した会社株式が散逸してしまう結果となります。会社法上、少数株主には多くの権利が認められていますので、株式が経営者以外に相続されることとなれば、経営の安定を害する可能性があります。そのため経営権の散逸防止、即ち現経営者が後継者とした相続人が、事業承継の後も会社の経営者として安定して経営を行っていくことができる体制を作るということも、親族内承継の大きな課題の一つとなります。

　このような株式の散逸を避ける手段として、最も一般的なものが、遺言（民法960条以下）を使った方法です。相続人が複数いる場合にも遺言により株式等を後継者に集中することにより、株式の散逸を防ぎ、経営を安定させることができます。

　また会社法を用いる方法としては、種類株式の活用が考えられます。現在中小企業の多くは株式に譲渡制限を付していますが、これも株式の分散を防止し、経営の安定を図るための種類株式の利用例といえます。そして事業承継の場面においては、株式に譲渡制限を設ける方法のほか、役員選任権付き種類株式を設定してこれを後継者に承継する方法や、取得条項付き株式を設定しておく方法、全部取得条項付き種類株式を設定する方法などが考えられます。これら会社法を用いる方法は、**第2章**で

解説します。

　さらには信託を用いる方法もあります。委任者の死亡の時に受益権を取得する旨の定めのある信託である遺言代用信託（信託法90条）は、文字通り遺言に代えて使用し、また場合によっては遺言よりも適切に経営権の不安定化を防止する手段とすることができる場合もあります。この遺言代用信託については、**第3章**で解説します。

■ エ　遺留分対策

　ここまで株式を集約し、経営権の散逸を防止しながら相続を行う方法を紹介してきましたが、上記の各スキームによって後継者に株式を集中するなどして経営権の散逸を防止したとしても、多くの場合、遺留分（民法1042条以下）の問題が残ることになります。遺留分について、そしてその対策方法等については特に**第6章**で詳述しますが、この遺留分の対策が、親族内承継の場合に解決すべき大きな問題の一つといえます。

　遺留分の具体的な対策方法は、民法、会社法、信託法、更には経営承継円滑化法による特例などの理解を前提にし、これらを横断的に用いることなども含め、複雑な検討が必要です。具体的な方法等については次章以降の該当箇所で説明しますので、ここでは、どのような方法があるかという全体像を簡単に説明します。

　民法上、遺留分は家庭裁判所の許可を得て、相続の開始前に放棄することができます（民法1049条）。そのため遺留分権利者の承諾が得られる場合には、この方法を行うことを検討することができます。しかしながら遺留分の相続開始前の放棄は遺留分権利者の同意があれば必ず認められるものではなく、またそもそも、多くの場合自分の子である相続人に対して遺留分の放棄を依頼できるか、そして子である遺留分権利者が自身に不利となる遺留分の放棄に応じてくれるのか、などという問題もあります。

　相続開始前の放棄の他、民法上の規定を用いて取り得る手段としては、

現経営者が後継者に対し一定の条件のもと生前贈与を行ったり、売買を行うことによって他の相続人に遺留分が発生しないようにするというスキームも考えられます。これらのスキームについては、**第7章**において事業承継の他の具体例とともに詳しく解説します。

　一方、会社法を用いる方法としては、種類株式を利用し、後継者には普通株式を、非承継者には無議決権株式を取得させることで、議決権は後継者に集中させたうえで財産的価値のある株式を非承継者にも相続させて遺留分を発生させないという方法、また株式を取得請求権付株式とし、遺留分に反しない限度で非後継者に相続させる方法などが考えられます。これらについては、**第2章**の種類株式について解説の箇所で扱います。

　また信託を利用した方法としては、前述した遺言代用信託を用いる場合に、受益権を分割して非後継者にも承継させるなどの方法で遺留分対策を講ずることが可能です。

　そして経営承継円滑化法においては、後継者を含めた現経営者の推定相続人全員の合意の上で、現経営者から後継者に贈与等された自社株式について、①遺留分算定基礎財産から除外（除外合意）する、又は②遺留分算定基礎財産に算入する価額を合意時の時価に固定（固定合意）をすることができる制度が用意されており、これらを単独で、また両方を組み合わせて用いることで、遺留分対策を行うことが可能です。これらの制度については**第4章**で説明します。

　以上の他、遺留分対策としては、遺贈に関する遺留分の負担の順序を遺言書で指定する方法や、生命保険の活用なども考えられます。これらについても、遺留分についてまとめて解説する**第6章**で扱います。

■ オ　経営権移行のタイミング

　親族内承継の場合、経営者からの相続による承継が重要なことは言うまでもありませんが、相続は、経営者の死亡時に発生します（民法882条）。そうすると当然ではありますが、経営者が死亡するまでは、相続

による承継は発生しないということになります。

　相続による承継が経営者の死亡時まで行われないということは、承継の時期をコントロールすることができないということを意味します。これは一般的にいって、経営者、後継者の双方にとって不都合です。しかし一方で、経営者の生前に承継を終えてしまうことが、後継者の監督や経営者の生活維持という観点から現経営者の意向に沿わないという場合も考えられます。そのため、これらとのバランスを考えた上で、経営権移行のタイミングを検討し、事業承継を行っていくことも親族内承継において解決すべき課題です。

　経営者の生前に後継者へ株式を承継することを考えた場合には、株式の譲渡や生前贈与を検討する必要があります。株式を譲渡する場合、経営者には株式の対価が支払われますので、相続が法定相続分に従ってなされたときは、遺留分の問題は生じません。しかしながらこの場合、後継者に株式の買取資金が必要であり、また売渡人となる経営者には譲渡所得が発生し、課税対象になることに注意が必要です。一方で生前贈与による場合には、遺留分対策、また贈与税対策を行うことが必要となってきます。

　会社法を利用する手段としては、拒否権付き種類株式を設定して現経営者に拒否権付き株式を割り当て、後継者に普通株式を承継する方法や、先に経営権の散逸防止策に用いると述べた役員選任権付き種類株式を利用する方法によって現経営者によるコントロールを可能にする方法があります。

　また信託を利用しても、承継の時期について柔軟な制度設計を行うことが可能です。例えば他益信託を利用することにより、経営者がその生前、経営権を維持しながら、後継者に株式の経済的利益を移転することもできます。さらには経営承継のタイミング、という点からは少し外れますが、後継ぎ遺贈型受益者連続信託を用いることで、現経営者が孫の世代の後継者についても、あらかじめ定めることができる場合がありま

す。これらについては、**第3章**で詳しく検討します。

■ カ　親族内承継の注意点

　以上が親族内承継の一般的な注意点になりますが、親族内承継を考えるにあたり、その検討の大前提として、相続人の確定が重要であることは言うまでもありません。親族であっても、法定相続人以外への承継の場合には相続が生じませんので、後記の役員や従業員への承継と同様に考える必要があります。

　また経営者に、現在の家族とは別に子（法定相続人）がいる場合には、民法上は被相続人との生前の関係がどれほど薄くとも、子である以上は法定相続人となるため、何十年もあっていない子が相続人として出現することになります。そのため経営者から親族内承継を相談された際には、念のため、経営者の法定相続人を改めて確認する必要があるでしょう。

(3)　役員や従業員への承継（会社内承継）

　経営者の相続人に後継者がいない場合には、承継の対象を会社の役員や従業員とすることが考えられます。会社は、そこで働く人が動かしていますので、その会社内で長期間勤務している役員や従業員に承継する場合には、承継後も経営の一体性を保ちやすく、また内外の関係者にも心情的に受け入れられやすいというメリットがあるといえます。

　一方で、仮に役員や従業員に承継の対象となる後継者が見つかったとしても、親族内承継と異なり、相続によってはその後継者への承継が行われません。そうすると、当該後継者候補への承継には、株式の譲渡等を行う必要があります。

　このような場合に問題となるが、後継候補者に株式取得等の資金力です。株式の承継に多額の資金を要する場合には、一般の金融機関から融資を受けるという方法の他、経営承継円滑化法に基づく金融支援を受けるという方法があります。詳しくは**第4章**で説明します。

14

　また株式の評価額をいくらとするのか、という点も大きな問題になります。承継のし易さという点からは、評価額の低い方が、後継者が用意する必要のある資金が少なくてよいため承継は容易となります。しかしながら株式を譲渡する経営者にとっては、承継後の生活費を捻出していくに足る金額か、という点を考慮しなければなりませんので、親族内承継の場合と異なり、株式の評価額について、経営者と後継者の利害が対立することとなるためです。

　さらに、これは親族内承継の場合にも該当しうる問題点ですが、後継者となるものの個人債務保証の引継や、承継によって生じる税負担についての対策も必要となってきます。

(4)　会社外承継

　親族内にも、また会社の役員や従業員にも後継者が見つからない場合には、会社外への第三者への承継、すなわち会社のM&Aに取り組むことになります。

　この類型が前述した2つの類型と最も大きく違う点は、承継対象となる第三者は営利企業である株式会社ですので、その第三者である株式会社に金銭的な、またシナジーのような事業上のメリットがない場合には合意が成立せず、行うことができないということです。これを経営者側から見れば、親族内への承継には個人資産の維持、また会社内承継の場合には経営の一体性維持による従業員雇用の確保を目的として事業承継を行うことができ、経営者、後継者の双方にとって合理性が認められることが多いのですが、会社外承継の場合、承継先となる譲受先との取引条件が合意できなければ、個人資産の維持や従業員雇用の確保といった目的が必ずしも達成できる保証はありません。

　本書では第**8**章においてM&Aを取り上げ、M&Aの種類や、各種M&Aの際に必要となる手続や専門家の関与、そして検討すべき問題点について詳述します。

4 事業承継の前提知識

(1) 資産の承継

■ ア 総 論

　これまで見てきたように、事業承継とは、経営者やその家族が、自らが所有し、経営する会社という財産を、誰に、どのように承継していくかということを、会社の状況や、家族でもある相続人の状況を考えながら検討し、計画を立て、実行していくという作業になります。事業承継というと、法律の専門家ではない会社の経営者は、「誰に」「いつ」「どのように」承継するか、という点に意識が向きがちですが、肝心の、「会社という財産」が、具体的に何を指すのか、ということについて無自覚な場合が少なくありません。そのため、事業承継を行う会社について、実際にどのような資産を承継する必要があるのか、また、承継の方法としてはどのよう方法があるのか、という観点を持つことが、経営者の意向を反映した事業承継を行うに当たって有効といえるでしょう。また承継する対象を分析することで、会社の一部の事業のみを相続するというようなスキームも取り得ることとなります。このようなスキームについては、第7章で解説します。

■ イ 株 式

　株式会社である中小企業において会社という財産を移転する場合には、その株式を移転するという方法が最もオーソドックスな形となります。株式を移転する方法としては、相続による場合や、譲渡や贈与などの契約により移転させる場合、さらに会社法の規定により移転させる場合があります。

　親族内承継について説明した際にも述べましたが、株式については、

16

そもそも現在、法的にその株式の所有者は誰なのか、という検討から始まります。本書が想定する中小企業においては、その株式に会社法上の譲渡制限（会社法107条1項1号、108条1項4号）が付されていることが通常です。そのため当該株式の移転には会社の承認行為が必要となりますが、これらの手続が会社によって適切に行われてこなかった可能性があります。

　会社法上求められている手続を欠く株式の移転は無効です。そのため株式の真の所有者を特定しなければ、その後に続くすべての行為が無効となってしまいます。このような観点からも、株式は事業承継において特にその手続に慎重を要する資産ということができます。

■ ウ 事 業

　中小企業の事業承継については、株式の移転ではなく、会社の事業を個別に後継者に移転するという方法が選択されることもあります。株式の移転が権利関係の主体足りうる会社そのものを移転させるのに対し、法律上、事業とは複数の権利法律関係及び事実関係の集合と理解されていますので、その移転には、個別の権利法律関係毎に譲渡の手続をとることが必要となります。また資産についてだけではなく、雇用に関する契約関係や、後述する許認可や保証についても、個別の手続が必要です。本書においては、**第7章**において、事業承継を用いたスキームを紹介します。

■ エ 許 認 可

　会社が営業するに当たって必要とし、取得している各種の許認可も、事業承継において検討する必要がある資産です。許認可については、まず、その許認可を受けているのは誰か、ということを確認する必要があります。許認可を受けている対象が会社の場合、株式の移転等、法人格を維持した承継の場合にはその許認可は特段問題なく存続すると考える

ことができますが（代表者の交代によって失効する許認可等については
この限りではありませんので、許認可の性質についての確認は必要で
す。）、許認可が経営者個人に対して与えられている場合には、経営者の
交代に伴い、許認可を再取得する必要が生じる可能性があります。

　また株式ではなく事業を譲渡する場合には、原則として許認可は事業
を譲り渡す会社に残存し、当該事業に付随して譲渡されることはありま
せん。そのためこの場合にも、許認可の再取得等の必要性を検討する必
要があります。

　この許認可については、日々会社を経営している経営者にとっては、
当たり前すぎて、許認可の対象が誰かということについては正確な認識
を欠いている可能性があります。そのため許認可については、原本書類
等で改めて確認を行うべきでしょう。

■ オ　経営者保証

　資産ではなく、負債、ということになりますが、中小企業経営者は多
くの場合、会社の借入について個人保証（経営者保証）を行っています。
一方で後継者候補が事業承継を拒否する理由の6割に個人保証があげら
れており、経営者の個人保証が事業承継の大きなハードルとなっていま
す。したがって、これをどのように承継するか、また承継しないことが
できるか、ということも、中小企業の事業承継に当たっては検討を要す
る事項です。この経営者保証については、平成26年2月1日からいわ
ゆる「経営者保証ガイドライン」が適用されていますが、令和2年4月
1日からは、経営者保証が事業承継の阻害要因とならないよう原則とし
て全経営者、後継者の双方から二重徴求を行わないことを盛り込んだ「事
業承継時に焦点を当てた「経営者保証ガイドラインの特則」」の適用が
始まっています。これについては、**第5章**で解説します。

(2) 税務リスク

ア 総 論

　どのような事業承継においても、課税関係の考慮が重要であることは言うまでもありません。経営者は事業承継によってその後の生活資金の捻出を行うことが多く、税負担は自身の財産関係に直接に影響します。また後継者側についても、税負担が過大となってしまう場合には、事業承継そのものが実現できないということも起こり得ます。このように税務対策は事業承継にとって重要なテーマの一つです。

　株式の移転一つをとってみても、移転先が株式保有者の親族か、親族以外の第三者か、個人か法人か、そして移転の方法が相続か、贈与、売買のいずれであるかによって、課税上の扱いが異なるなど、事業承継には注意すべき税務リスクが複数存在します。そのため、以下では税務上注意すべき事項の主なものについて、解説していきます。

イ 相 続 税

　相続や遺贈により、経営者から相続人等に株式等の相続財産が移転した場合、相続人等に相続税が課税されることになります。平成25年度税制改正により、平成27年1月1日から、相続税の基礎控除の金額が、従前の【5,000万円＋（1,000万円×法定相続人数）】から、【3,000万円＋（600万円×法定相続人数）】へと大幅に引き下げられたこともあり、事業承継にあたり相続税について検討を行うことは必須といえるでしょう。

　相続税の課税については、その計算を、財産評価基本通達に従って行うこととされており、株式の評価については後述しますが、会社の利益や純資産、類似業種等に基づいて計算されることになります。そのため会社の利益や純資産等をコントロールし、相続税対策を行うことが考えられるのですが、贈与や売買など、経営者及び後継者がそのタイミングを選択できる場合と異なり、経営者の死亡によって生ずる相続や遺贈に

ついては、会社にとって有利なタイミングを選択する、ということができないことを意識する必要があります。

　また経営承継円滑化法には、後継者である受贈者・相続人等が、円滑化法の認定を受けている非上場会社の株式等を贈与又は相続等により取得した場合には、その非上場株式等に係る贈与税・相続税について、一定の要件のもと、その納税を猶予し、後継者の死亡等により、納税が猶予されている贈与税・相続税の納付が免除される、いわゆる事業承継税制といわれる制度が存在するため、同制度の利用も検討する必要があるでしょう。ただしこの事業承継税制には、適切に手続等を行わなければ納税の猶予が取り消され、その場合利子税も別途発生するため、制度の利用は慎重に行う必要があります。

ウ　贈　与　税

　経営者が生前に後継者に対して株式等を贈与した場合、受贈者である後継者に贈与税が課税されることになります。相続税と異なりそのタイミングを選択できること、また取得の対価を支払わないことから、贈与税の負担はあるものの、後継者の金銭的負担が軽く済む場合があります。

　そして原則として贈与税は暦年課税ですが、相続時精算課税制度や、前述の相続税の場合と同様、事業承継税制の利用も検討できるため、贈与による株式等の移転は税務上検討に値する制度といえるでしょう。相続時精算課税の制度とは、原則として60歳以上の父母又は祖父母から、20歳以上の子又は孫に対し、財産を贈与した場合において選択できる贈与税の制度です。この制度を選択する場合には、贈与を受けた年の翌年の2月1日から3月15日の間に一定の書類を添付した贈与税の申告書を提出する必要があります。なお、一度この制度を選択した場合には、それ以後、その受贈者から贈与を受ける財産については全てこの制度が適用され、暦年課税に戻すことができず、暦年課税制度の基礎控除（1

年間あたり110万円）を利用することができなくなることに注意が必要
です。

　相続時精算課税制度を利用すべき場面は、以下のような場面です。ま
ず、株式等、贈与する財産が多額であり、かつ、それらの財産を短期間
で贈与する場合です。贈与額が多くなるほど贈与税率が高くなる累進税
率を採用し、基礎控除が110万円である暦年課税と比べ、相続時精算
課税制度では2,500万円を超える金額に対して課される税率も、一律で
20%となっているためです。また収益財産についても、生前に後継者
に贈与することで収益財産からの収益を受贈者に帰属させることができ
る点で、同制度の利用が有利になると考えられます。一方で同制度を利
用した場合には相続時に、同制度を利用した贈与財産に係る税額を納付
することになりますが、この際の贈与財産の評価は贈与時の価格とされ
ています。そのために、価値の上昇する財産を、相続時精算課税制度を
用いて贈与する場合には税負担を軽減させることとなりますが、逆に、
贈与時から贈与財産の価値が下がった場合には、不利な結果となってし
まいます。またこの特徴を利用し、オーナー経営者への退職金支給など
で、一時的に対象会社の株価を下げることができた場合に、同制度を利
用して株式を贈与してしまうという方法が考えられます。

　さらに2015年以降においては、後述する事業承継税制において、受
贈者が贈与者の親族である必要がなくなったことから、役員や従業員へ
の承継（会社内承継）の際に、贈与を用いる手法をより積極的に検討す
ることができるようになりました。

■ エ　所　得　税

　経営者が後継者等に株式等を譲渡した際には、経営者に譲渡所得（所
得税法33条)が生じる場合があります。また親族間での譲渡については、
譲渡価額の調整が可能であることから、適正な価額による取引を行わな
ければ課税当局より指摘を受ける可能性があることに注意しなければな

りません。

■ オ　経営承継円滑化法の事業承継税制

　相続税及び贈与税の箇所で前述したとおり、経営承継円滑化法には、後継者である受贈者・相続人等が、円滑化法の認定を受けている非上場会社の株式等を贈与又は相続等により取得した場合において、その非上場株式等に係る贈与税・相続税について、一定の要件のもと、その納税を猶予し、後継者の死亡等により、納税が猶予されている贈与税・相続税の納付が免除される、いわゆる事業承継税制といわれる制度が存在します。

　また平成30年度税制改正では、法人版事業承継税制について、これまでの措置に加え、10年間の措置として、納税猶予の対象となる非上場株式等の制限（総株式数の3分の2まで）の撤廃や、納税猶予割合の引上げ（80%から100%）等がされた特例措置が創設されました。これらの制度を理解し、必要に応じ経営者に対して説明していくことが求められています。詳しい要件等については、**第4章**で検討します。

　さらに令和元年度税制改正により、個人版事業承継税制と呼ばれる、一定の要件のもと、その特定事業用資産に係る贈与税、相続税が猶予される制度が創設されました。

⑶　株式の評価

■ ア　総　　論

　事業承継のスキームを選択する際、株式をいくらと評価するかは、当該スキームを選択するかどうかを判断する重要な要因になります。また選択するスキームによって、経営者にとって評価を引き下げた方がよい場合もあれば、評価を引き上げた方がよい場合の両方がありえます。一般に親族内承継の場合には、株式の評価を下げた方が、経営者と後継者の税負担の合計を少なくすることができます。

一方で、役員や従業員への承継（会社内承継）を行う場合や、M&A を行う場合には、株式の評価額が高い方が経営者の手元に残る金額が大きくなるため、経営者に有利ということができますが、一般に役員や従業員への承継（会社内承継）を行う場合や、M&Aを行う場合には、経営者にとっては第三者との取引ということになりますので、利害が相反する関係となります。利害相反関係にある第三者間で自由な交渉により取り決めた場合の株式評価額は、双方のせめぎ合いによる合意によって定められる合理的な評価額ということができますので、実務上、株式の評価が税務上問題となるのは、親族内承継の場合が多いでしょう。

■ イ　原則的な考え方

非上場株式の評価の方法としては、コストアプローチ、インカムアプローチ、マーケットアプローチなどの評価方法が存在します。一方で相続税法22条は、「この章で特別の定めのあるものを除くほか、相続、遺贈又は贈与により取得した財産の価額は、当該財産の取得の時における時価により、当該財産の価額から控除すべき債務の金額は、その時の現況による。」と規定しますが、一部の財産を除き、具体的にどのように評価するかについては、定めを置いていません。そのため相続の実務上は国税庁の財産評価基本通達を用いるという方法が定着しているといえます。

財産評価基本通達　第1章　総則（評価の原則）

1　(2)　時価の意義

財産の価額は、時価によるものとし、時価とは、課税時期（相続、遺贈若しくは贈与により財産を取得した日若しくは相続税法の規定により相続、遺贈若しくは贈与により取得したものとみなされた財産のその取得の日又は地価税法第2条《定義》第4号に規定する課税時期をいう。以下同じ。）において、それぞれの財産の現況に応じ、不特定多数の当事者間で自由な取引が行われる場合に通常成立すると認められる価額をいい、その価額は、この通達の定めによって評価した価額による。

■ ウ　評価の引き下げ

そうすると、事業承継においては、財産評価基本通達の枠組みの中で、株式の評価を引き下げることができないか、検討することになります。

財産評価基本通達に基づく計算においては、株式を取得する主体が同族株主等か、同族株主以外の株主等かにより評価方法が異なり、また同族株主等については、会社規模に応じた評価方法が定められています（「特定の評価会社」を除く。）。

純資産価額による評価は、小会社に対しても、中会社に対しても株式評価の算式として認められています。そして役員退職金を支払うことにより費用を計上したり、所有する不動産について建物は固定資産税評価額で評価し、土地を路線価で評価することにより評価額を時価より圧縮したりすることで、純資産の価値を下げることができる場合もあるため、財産評価基本通達の範囲内でどれだけ株式の評価を引き下げることができるかについては、必ず検討することが必要です。

(4)　その他制度の利用

■ ア　中小企業投資育成株式会社

中小企業投資育成法に基づき設立された東京、大阪、名古屋の各中小企業投資育成株式会社を活用することで、事業承継を円滑に進めることができる場合があります。例えば経営に関与しない株主に株式が散逸してしまっている場合等に、中小企業投資育成株式会社に対して第三者割当増資を行うことにより、株式が散逸した状態から経営者及び中小企業投資育成株式会社による会社経営権を確保し、その後、中小企業投資育成株式会社に安定した株主という立場からサポートを得て、事業承継を行っていくことなどが考えられます。通常、第三者割当増資を行った場合には、新たに株主となった者が今後の会社経営について現経営者と意向を同じくしていくという保証はないという問題が生じますが、中小企業投資育成会社は原則的に現経営者側の立場を維持することとされてお

り、この点の不安を回避することができます。

　さらに中小企業投資育成会社に対して株式を引き受けさせる場合の株式評価額については、中小企業投資育成会社を所管する中小企業庁と国税庁の合意により、一株当たりの予想純利益を用いた収益還元方式を用いて算出することが認められています。そのためこの算出方法によった場合の株式評価額が、先に述べた原則的な方法よりも低額となる場合が多く、実質的に自社株式の評価額を下げることができるという点も、中小企業投資育成会社の利用を検討する理由の一つです。

■　イ　生命保険の活用

　事業承継において顕在化する納税負担や引退後の生活資金の確保等への対応策として、生命保険を活用することも可能です。

　経営者が死亡した場合に支払われる死亡保険金には、相続税の計算上一定の非課税枠があるため、これを相続税負担の軽減に活用することが考えられますし、受け取った保険金を納税資金に充てることもできます。また指定された死亡保険金受取人が受け取った死亡保険金は原則として遺産分割の対象とならず、遺留分算定基礎財産にも含まれないというメリットもありますので、これにより、後継者は死亡保険金を確実に受け取ることができ、これを納税資金や株式・事業用資産の買取資金として活用することができます。

　また会社においても、現経営者の死亡した場合に、死亡退職金の支払いや自社株買取資金等を準備する必要があるという場合には、あらかじめ会社を死亡保険金の受取人とした生命保険を活用することによって、これらの問題に対応することが可能です。

第2章

事業承継における
会社法の利用

事業承継を行う場合においては、代表取締役の交代などによる経営権の承継に加え、会社の株式をどれだけ円滑に承継させられるかが大きなポイントとなります。特に、承継する株式について、中心となって事業承継を行う株主以外の少数株主に自社株が分散している場合には、会社法で認められた少数株主の権利が強いこともあり、少数株主も含めたすべての株式の承継をすることができず、事業承継が成り立たない可能性があります。

　そこで、本章では、会社法を利用した株式集約の方法や、種類株式の活用等について説明を行います。

1　現在の発行済株式と株主の調査及び整理

(1)　株主の調査と名義株

　株式の承継を行う事業承継に向けた準備として、現在の発行済株式について、真の株主が誰であるかを確認する必要があります。

　会社の株主名簿に記載されている者が、自ら株式を引き受けて払込みをしていれば良いのですが、他人の名義を借用して株式の引受けや払込みが行われている場合や、贈与・相続により株式が移転したにもかかわらず株主名簿が更新されていないような場合には、誰が真の株主であるかがわからないこととなり、事業承継にあたり、株主名簿に記載されていない者から自らが真の株主であるとして権利主張をされてしまう可能性があります。

　また、事業承継税制の適用を受ける場合、先代の経営者や後継者の議決権の割合が判定の要素となりますので、名義株を放置した場合には、事業承継税制の適用を否認されてしまう可能性もあります。

　そこで、事業承継を行うにあたり、株主名簿上の株主を精査し、名義

株があるような場合には名義株の解消を行う必要があるのです。

(2) 名義株の権利の帰属

　名義株の権利が誰に帰属するかについて、最高裁昭和42年11月17日判決（民集21巻9号2448頁）は、「他人の承諾を得てその名義を用い株式を引受けた場合においては、名義人すなわち名義貸与者ではなく、実質上の引受人すなわち名義借用者がその株主となるものと解するのが相当である。」と判示し、実質上の引受人である名義借用者が真の株主となるとしています。

　そして、実質上の株主と言えるかについては、①株式取得資金の拠出者、②名義貸与者と名義借用者との関係及びその間の合意の内容、③株式取得の目的、④取得後の利益配当金や新株等の帰属状況、⑤名義貸与者及び名義借用者と会社との関係、⑥名義借の理由の合理性、⑦株主総会における議決権の行使状況等の事情を総合的に考慮して判断がされるとされています（東京地裁昭和57年3月30日判決　判例タイムズ471号220頁等）。

(3) 名義株の解消

　名義株の調査方法としては、創業者や株主名簿の名義人、発起人等に名義株がないことを確認したり、株主総会の招集通知の通知先や配当金の支払先の調査、株主総会議事録や名義貸与承諾書等の調査が考えられます。

　そして、これらの調査により、実質的な株主が名義人ではない場合には、名義人の承諾により、株主名簿の名義書換えを行うことにより解消します。

　ただし、真の株主の判断が困難な事案において名義書換えを行った場合において、名義人が真の権利者であると判断されるときには、贈与税の課税リスクも考えられるところです。また、名義人が書換えに承諾を

しない可能性もあります。これら場合には、後述の自己株式の取得等の強制的な株式の取得を行うことにより、名義株の解消を考えることになります。

真の株主の認定に誤りがあり、後日、課税がされる場合には、依頼者から税理士に対する損害賠償リスクも想定されます。そこで、事実認定に至る過程に検討した資料及び関係者へのインタビューの結果など、証拠を残しておくことも肝要です。

⑷　株券発行の有無の調査と対応

株主を調査するにあたっては、その前提として株券が発行されているか否か、そして発行されている場合には株券の状況を調査する必要があります。

これは、株券発行会社の株式の譲渡に当たっては、株券の交付がない場合には譲渡の効力がないとされています（会社法128条1項本文）ので、株式集約にあたり株式の譲渡等を受ける場合には株券の交付が必要となるからです。

なお、会社による株券発行が長期間経過したケースにおいて意思表示のみで株式の譲渡を行うことができる旨の判例（最高裁大法廷昭和47年11月8日判決・民集26巻9号1489頁）もありますが、「少なくとも、会社が右規定の趣旨に反して株券の発行を不当に遅滞し、信義則に照らしても株式譲渡の効力を否定するを相当としない状況に立ちいたつた場合においては、株主は、意思表示のみによつて有効に株式を譲渡でき、会社は、もはや、株券発行前であることを理由としてその効力を否定することができず、譲受人を株主として遇しなければならない」とされており、有効となる要件が極めて限定的であることに注意が必要です。

株券の交付がされていない譲渡が行われていたことが発覚した場合には、株券を発行したうえですべての株式譲渡をやり直す方法や、株主ではない旨の念書の取得等が考えられますが、いずれにしろ、このような

場合には、弁護士に相談することをおすすめします。

　一方で、株券不発行会社の株式の譲渡にあたっては、当事者の意思表示のみにより譲渡が成立し、株主名簿の名義書き換えにより会社や第三者に対抗することができることになります（会社法130条）ので、株主名簿の名義書換の手続が行われているかを確認しましょう。

⑸　所在不明株主の整理

　株主の調査を進めると、株式の分散等により所在が不明となっている株主がいる場合があり、そのような所在不明株主が存在する場合、予期せぬ時に権利主張をされるおそれがあります。

　会社は、株主に対して株主名簿上の住所に行った通知又は催告が5年以上継続して到達しない場合には、その株主に対する通知または催告をすることを省略することができますが（会社法196条1項）、この場合であってもその者が株主であることには変わりはありません。

　もっとも、通知又は催告を省略することができる場合において、株主が継続して5年間剰余金の配当を受領しなかった場合には、会社は、その株式を競売や売却、買取りを行い、かつ、その代金を株主に交付することができます（会社法197条1項ないし3項）。

　したがって、所在不明株主がいる場合において、会社が株式を競売できる場合には、これらの制度を利用して、所在不明株主の数を減らすことを検討することになります。

2 株式集約の方法

　事業承継において株式の承継を行うに当たり、できるだけ全ての株式を円滑に承継するためには、株式の集約を行うことが重要です。株式集約の方法としては、合意によって多数株主や会社が株式を取得する方法の他、会社法の制度を利用した株式集約の方法として、譲渡制限株式の相続人等に対する売渡請求（会社法174条）、特定支配株主の株式等売渡請求（会社法179条）、株式併合（会社法180条）、及び種類株式の活用があります。

(1) 自己株式の取得

ア 自己株式の取得とは

　株式集約の方法として、会社と株主との合意により、会社が発行済株式を取得して自己株式とする方法があります。

　一定の株主から、会社が合意により株式を取得することについては、資本充実・維持や株主相互間の公平、会社支配の構成の観点から、会社法では、様々な規制がされているので、注意が必要です。

イ 財源規制

　自己株式の取得にあたっては、その株主からの取得価額は、自己株式を取得の効力が発生する日における株主への分配可能額（会社法461条2項）の範囲内である必要があります（会社法461条1項2号・3号）。

　さらに、自己株式の効力が発生する日の属する事業年度に係る計算書類において、分配可能額に欠損が生じた場合には、自己株式取得に関する職務を行った業務執行者には連帯してその欠損額を補填する責任が生じます（会社法465条1項2号・3号）。

　また、他の株主との公平の観点から、売主追加請求（会社法160条2

項・3項）が認められていることも踏まえて、自己株式の取得を行う場合には、自己株式の取得を行う日と、その事業年度末において、分配可能額を割らないように手続を進める必要があります。

■ ウ 自己株式の取得手続

㈠ 特定の株主から取得する場合

会社が、特定の株主から、自己株式を取得する場合には、株主総会の特別決議により、

①　取得する株式の数（種類株式発行会社にあっては、株式の種類及び種類ごとの数）

②　株式を取得するのと引換えに交付する金銭等（当該株式会社の株式等を除く。）の内容及びその総額

③　株式を取得することができる期間（1年を超えることはできない）

④　特定の株主の氏名（名称）

を定めることが必要です（会社法156条1項・2項、160条1項、309条2項2号）。

通知を事前に受けた株主は、会社に対して、株主総会の5日前（非公開会社については3日前）までに、議案に特定の売主として自己を追加するように請求することができます（会社法160条3項）。

そして、会社は、株主総会決議をした場合には、特定の株主に対して、

①　取得する株式の数（種類株式発行会社にあっては、株式の種類及び数）

②　株式一株を取得するのと引換えに交付する金銭等の内容及び数若しくは額又はこれらの算定方法

③　株式を取得するのと引換えに交付する金銭等の総額

④　株式の譲渡しの申込みの期日

を通知します（会社法158条1項、160条5項）。

この通知を受けた株主は、会社に対し、その有する株式の譲渡しの申

込みをしようとするときは、株式会社に対し、その申込みに係る株式の数（種類株式発行会社にあっては、株式の種類及び数）を明らかにする必要があり（会社法159条1項）、会社は、通知した④の期日に、申込みがあった株式の譲受けを承諾したものとみなされます。なお、申込数が通知した①の数を超えた場合には、申込をした株主に対して按分して株式の譲受けを承諾したものとみなされます（会社法159条2項）。

(イ) 不特定の株主から取得する場合

株主を特定せずに、株主との合意により会社が自己株式を取得するには、あらかじめ、会社は、その取得の都度、

① 取得する株式の数（種類株式発行会社にあっては、株式の種類及び数）

② 株式一株を取得するのと引換えに交付する金銭等の内容及び数若しくは額又はこれらの算定方法

③ 株式を取得するのと引換えに交付する金銭等の総額

④ 株式の譲渡しの申込みの期日

を決定し（157条1項・2項）、全株主に譲渡の機会を与えるために、これらの事項を通知または公告を行う必要があります（会社法158条）。

なお、①〜④の事項の決定については、取締役会設置会社においては取締役会の決議、その他の会社においては株主総会決議が必要となります。

この通知を受けた株主は、会社に対し、その有する株式の譲渡しの申込みをしようとするときは、株式会社に対し、その申込みに係る株式の数（種類株式発行会社にあっては、株式の種類及び数）を明らかにする必要があり（会社法159条1項）、会社は、通知した④の期日に、申込みがあった株式の譲受けを承諾したものとみなされます。なお、申込数が通知した①の数を超えた場合には、申込をした株主に対して按分して株式の譲受けを承諾したものとみなされます（会社法159条2項）。

■ エ　自己株式の取得上の注意点

　自己株式を取得する場合、税法上の注意点として、交付金銭等の合計額（金銭や株式等の額及び金銭以外の資産の価額の合計額）が、会社の資本金等の額のうちその交付の基因となった会社の所有株式等に対応する資本金等の額を上回る場合には、その超過した金額については、配当等の額とみなされて課税される（みなし配当課税）ことから、その場合には会社としては源泉所得税を徴収して納付する義務があるので、注意が必要となります。

⑵　譲渡制限株式の相続人等に対する売渡請求（会社法174条）

■ ア　活用方法

　会社は、相続その他の一般承継により譲渡制限株式を取得した者に対して、取得した株式を会社に売り渡すことを請求することができる旨を定款で定め、この定めに基づいて相続人等に対し売渡し請求を行うことができます（会社法174条）。

　会社が、この制度を定款に定めている場合には、相続により株式が多くの相続人に対して分散した場合であっても、会社が売渡請求により株式を取得することにより、株式の集約化を図ることができます。

　もっとも、売渡請求により自己株式の取得を行うこととなり、財源は剰余金の分配可能額に制限されますので（会社法第461条1項5号）、例えば、債務超過の会社は、売渡請求を行うことはできないことになります。

　なお、売渡請求の制度は、相続等の一般承継が生じた後であっても、定款変更により制度を定めれば、売渡請求をすることが可能と考えられており（相澤哲編著『Q&A会社法の実務論点20講』（金融財政事情研究会　2009年）14頁）、相続により株式が分散化している会社については有用といえます。

　定款に基づいて売渡請求を行う場合には、株主総会の決議により、

①　売渡請求をする株式の数（種類株式発行会社にあっては、株式の
　　種類及び種類ごとの数）

②　売渡請求をする株式を有する者の氏名又は名称

を定めることが必要です。ただし、売渡請求をする株式を有する者は、利害関係人として、議決権を行使することができません（会社法175条）。

　会社は、株主総会決議をした場合には、請求に係る株式の数（種類株式発行会社にあっては、株式の種類及び種類ごとの数）を明らかにして、売渡を請求することができますが、相続その他の一般承継があったときから1年を経過した場合には請求ができなくなりますので注意が必要です（会社法176条）。

　そして、売渡請求があった場合には、対象となる株式の売買価格は、会社と請求を受けた株主との協議によって定められることになりますが、協議を行わない場合や協議が調わない場合には、請求があった日から20日以内に、裁判所に対して、売買価格の決定の申立てを行うことができ、裁判所は、請求の時における株式会社の資産状態その他一切の事情を考慮して売買価格の決定を行います。また、協議も整わず、売買価格の決定の申立てもなかったときには、売渡請求は効力を失うことになります（会社法177条）。

　譲渡制限株式の相続人等に対する売渡請求の制度については、いわゆる相続クーデターの危険性があると言われています。

　たとえば、創業者で現在の代表取締役の甲さんが、その唯一の法定相続人である取締役の乙さんに事業を承継させることを考えていたとします。この会社の株主構成は、甲さん（保有株式65％）、乙さん（保有株

式5%）と、取締役の丙さん（30%）です。ここで、甲さんが死亡すると、すべての株式を乙さんが相続し、事業承継がスムーズにいくようにも見えます。しかし、ここで、相続人ではない取締役である丙さんが、臨時の株主総会を招集し、会社法176条に基づいて、乙さんに対する株式の売渡請求を行うことを提案したとします。すると、株主である乙さんと丙さんのうち、乙さんはもともと保有していた株式数も含めて議決権を行使することができませんので、丙さんが賛成すると売渡請求が承認され、その結果、丙さんによる会社の乗っ取りが実現してしまう場合があります。もちろん、売渡請求にあたり財源規制の問題はあるものの、甲さんに掛けていた保険金が会社に入ったような場合ですと、その問題もクリアされることも考えられますので、その後の会社の運営も、また代表取締役であった甲さんに対する退職金の額も丙さんが決められることになってしまうのです。

　この対処としては、定款に売渡請求を定めず、必要に応じて相続開始後に定款変更により売渡請求を定めて実行する方法や、創業者の代表取締役が、遺言で株式の承継者を定めておく方法が考えられます。相続と異なり、遺贈の場合には特定承継となるので、会社法174条の売渡請求の対象とはならないからです。ただし、株式の遺贈の場合、会社に対する譲渡制限株式の取得の承認請求（会社法137条）の手続が必要となる点には注意してください。

(3)　特別支配株主の株式等売渡請求

■ ア　活用方法

　株式会社の総株主の議決権の90パーセント（定款でこれを上回る割合を定めた場合にはその割合）以上を有する特別支配株主は、他の株主全員に対して、その有する株式の全部を売り渡すことを請求することができます（会社法179条）。

　この制度を利用することにより、特別支配株主が、他の株主全員に売

渡を請求し、株式を取得することにより、株式の集約化を図ることができます。

　この特別支配株主の株式等売渡請求の制度は、平成26年の会社法改正により導入されたものです。制度導入前は、スクイーズアウト（残存少数株主の締出し）を行って子会社化する手法として、後述の全部取得条項付種類株式の制度を利用されていましたが、株主総会決議が必要となるなど、手続が煩雑になるという欠点がありました。しかし、本制度は、特別支配株主が主導して手続を進めることができることから、スクイーズアウトの手法として有用な制度といえます。

■イ　手　続

特別支配株主が、他の株主全員に株式等売渡請求を行うには、

①　特別支配株主完全子法人に対して株式売渡請求をしないこととするときは、その旨及び当該特別支配株主完全子法人の名称

②　株式売渡請求によりその有する対象会社の株式を売り渡す株主（以下「売渡株主」といいます。）に対して当該株式（以下「売渡株式」といいます。）の対価として交付する金銭の額又はその算定方法

③　売渡株主に対する②の金銭の割当てに関する事項

④　株式売渡請求に併せて新株予約権売渡請求（その新株予約権売渡請求に係る新株予約権が新株予約権付社債に付されたものである場合における前条第三項の規定による請求を含みます。以下同じ。）をするときは、その旨及び次に掲げる事項

　㋑　特別支配株主完全子法人に対して新株予約権売渡請求をしないこととするときは、その旨及び当該特別支配株主完全子法人の名称

　㋺　新株予約権売渡請求によりその有する対象会社の新株予約権を売り渡す新株予約権者（以下「売渡新株予約権者」といいます。）に対して当該新株予約権（当該新株予約権が新株予約権付社債に

付されたものである場合において、前条第三項の規定による請求をするときは、当該新株予約権付社債についての社債を含む。以下「売渡新株予約権」といいます。）の対価として交付する金銭の額又はその算定方法

  ㈧　売渡新株予約権者に対する㈍の金銭の割当てに関する事項

⑤　特別支配株主が売渡株式（株式売渡請求に併せて新株予約権売渡請求をする場合にあっては、売渡株式及び売渡新株予約権。以下「売渡株式等」といいます。）を取得する日（以下「取得日」といいます。）

⑥　法務省令で定める事項

を定めて行う必要があります（会社法179条の2）。

　また、特別支配株主は、株式売渡請求をしようとする場合には、対象会社について請求を行う旨と株主に通知する①〜⑥の事項を通知し、その承認（取締役会設置会社においては、取締役会決議）を受ける必要があります。

　対象会社が、売渡請求の承認を通知した場合には、対象会社による売渡株主等に対する通知・公告（会社法179条の4）がされ、通知・公告のいずれか早い日から取得日から6カ月（公開会社でない場合には1年間）を経過する日まで株式等売渡請求に関する書面が開示されます（会社法179条の5）。

　売渡株主は、対価について不服がある場合には、取得日の20日前の日から取得日の前日までの間に、裁判所に売買価格の決定の申立てを行うことができます（会社法179条の8第1項）。

　そして、特別支配株主は、取得日に、売渡株式の全部を取得することになります。

　なお、対象会社は、取得日後、遅滞なく、株式等売渡請求により特別支配株主が取得した売渡株式等の数その他の株式等売渡請求に係る売渡株式等の取得に関する事項を記載した書面又は電磁的記録を作成し、取得日から6カ月（公開会社でない場合には1年間）を経過する日まで本

店に備え置かなければなりません（会社法179条の10）。

(4)　株式の併合

■ ア　活用方法

　会社は、株主総会決議により、複数の株式を合わせることにより、それよりも少数の株式を併合することができます（会社法180条）。

　会社がこの制度を利用することにより、1株以下となり議決権を行使できない少数株主を排除することができ、株式の集約を行うことができるといえます。

　この株式の併合については、平成26年の会社法改正により、それまで懸念されていた少数株主の保護等の制度が整備されました。

　株式の併合については、法律に定める手続を行うことにより、事由のいかんを問わずに株式の併合を行うことができることから、制度が整備された平成26年会社法改正後において、残存少数株主の締出しの手法の中で、もっとも手続が簡易なものである点が注目を集めているようであるとされ、株式の集約の方法として有用な方法の一つといえます（江頭憲次郎『株式会社法［第7版］』285頁）。

■ イ　手　　続

　会社が、株式の併合を行う場合は、その都度、株主総会の特別決議によって、

①　併合の割合

②　株式の併合がその効力を生ずる日

③　株式会社が種類株式発行会社である場合には、併合する株式の種類

④　効力発生日における発行可能株式総数

を定める必要があります（会社法180条2項・3項、309条2項4号）。

　そして、会社は、株式の併合をすることにより株式の数に一株に満

たない端数が生じない場合には効力発生日の2週間前まで、それ以外の場合には効力発生日の20日前までに、株主や登録株式質権者等に対し、併合の割合等を通知または公告をしなければなりません（会社法181条、182条の4第3項）。

株式の併合の効力は、株主総会によって定められた効力発生日において生じることとなります（会社法182条）。会社が株式の併合をすることにより株式の数に一株に満たない端数が生ずるときは、その端数の合計数（その合計数に一に満たない端数が生ずる場合にはこれを切り捨てる。）に相当する数の株式を競売し、かつ、その端数に応じてその競売により得られた代金を株主に交付するか、競売に代えて会社が買い取り等を行わなければなりません（会社法235条、234条2項〜5項）。

なお、競売等によって端数について適切な対価が交付されない可能性があることから、株式を併合することにより株式の数に一株に満たない端数が生じるときは、反対株主（会社法182条の4第2項）は、効力発生日の20日前から効力発生日までの間に、会社に対し、自己の有する株式のうち一株に満たない端数となるものの全部を公正な価格で買い取ることを請求することができます（会社法182条の4第1項）。

また、株式の併合が、株主総会決議の瑕疵や、併合の割合が不平等であるなど法令や定款に違反する場合において、株主が不利益を受ける恐れがある場合には、株主は、会社に対し、併合の差止め請求をすることができます（会社法182条の3）。

3 種類株式の活用

(1) 種類株式とは

　種類株式とは、定款によってその種類ごとに異なる内容を定めて発行された株式のことであり、会社法では、以下の事項について、異なる内容の定めをすることができます（会社法108条1項）。

　これらの種類株式を活用することにより、株式分散のリスクの低減や、後継者への株式の集中、事業承継後の後継者の監督等を行う仕組みを導入することができます。

異なる内容を定める事項	例
剰余金の配当	普通株式よりも優先して一定の剰余金の配当を受けることができる優先株式、劣後する劣後株式など
残余財産の分配	会社が破産又は清算した時の残余財産について、普通株主よりも優先して分配を受けることができる優先株、劣後する劣後株など
株主総会において議決権を行使することができる事項	議決権を全く持たない無議決権株式、取締役選任権のみを有する株式など
株式の譲渡	株式の譲渡について会社の承認を必要とする譲渡制限種類株式
株主から会社への取得請求権	株主が会社に対し、当該株主の保有する株式の買取を請求することができる取得請求権付種類株式など
会社から株主への取得請求権	株主の保有する種類株式について、一定の事由が生じたことを条件として、会社が強制的に当該株式を買い取ることができる取得条項付種類株式など
株主総会特別決議による当該種類の株式全部の強制取得	株主総会特別決議により、強制的に当該種類の株式全部を会社が取得できる全部取得条項付種類株式など
株主総会決議事項等に関する拒否権	株主総会・取締役会決議事項について、当該種類の種類株主総会における承認決議を必要とする拒否権付種類株式など
種類株主総会での取締役等の役員の選解任	種類株主総会において取締役・監査役等を選解任することができる種類株式

　事業承継の円滑化にあたり、株式分散のリスクの低減や、後継者への株式の集中、事業承継後の後継者の監督等を行う仕組みの導入等のために、種類株式の活用が広がってきています。

(2)　剰余金の配当・残余財産の分配に関する種類株式

■ ア　剰余金の配当・残余財産の分配に関する種類株式とは

　剰余金の配当・残余財産の分配に関する種類株式とは、剰余金の配当・残余財産の分配について異なる定めをした内容の異なる種類株式のことをいい（会社法108条1項1号・2項）、他の株式に優先して剰余金の配当等を受ける権利がある株式を優先株式、他の株式に遅れてしか剰余金の配当等を受けることができない株式を劣後株式といいます。

■ イ　事業承継における主な活用方法

　後述のとおり議決権制限株式（無議決権株式）の導入にあたり、単に無議決権株式にするのでは、同株式を取得した株主に不満が生じることから、同時に同株式を配当優先株式に変更し、後継者でない他の相続人等に承継させ、後継者でない他の相続人等を剰余金の配当等において優先させることで、後の紛争を予防することが考えられます。

■ ウ　注意点

　事業承継においては、剰余金の配当または残余財産の分配に関する種類株式を活用し、後継者でない他の相続人等に対して経済的利益を配慮することができますが、分配可能額がない等の剰余金の配当等が期待できない場合も考えると、その機能は限定的といえます。

⑶ 議決権制限種類株式

■ ア 議決権制限種類株式とは

　議決権制限種類株式とは、株主総会において議決権を行使することができる事項について異なる定めをした、内容の異なる株式をいいます(会社法108条1項3号)。

　議決権制限種類株式の具体的な例としては、ある種類の株式は一切の事項について議決権を有しない株式（無議決権株式）や、取締役選任権等の一定事項についてのみ議決権を有する種類株式があります。

■ イ 事業承継における主な活用方法

　先代経営者の相続財産の大部分を株式が占める場合において、後継者に株式を集中させると、他の相続人から遺留分の主張が行われる可能性があります。

　遺留分侵害額請求がなされた場合には、侵害額にあたる金銭の支払いを行う必要がありますが、他に相続財産がない場合には、株式の売却・差押がなされる可能性や、紛争を解決できない事態に陥る可能性があります。

　そこで、定款変更により先代経営者の保有株式の一部を無議決権株式に変更し、後継者には議決権のない普通株式を相続させ、他の相続人には無議決権株式を取得させることにより、遺留分侵害額請求によるリスクを低減させることができます(中小企業庁「事業承継ガイドライン」68頁)。

　なお、公開会社では議決権制限種類株式の発行にあたって、発行済株式の総数の2分の1を超えるに至ったときは、直ちに2分の1以下にするための措置を講じる必要がありますが（会社法115条）、非公開会社ではそのような制限はありません。

■ ウ 注 意 点

　相続税等の課税上の評価において、無議決権株式を発行している会社

の無議決権株式及び議決権のある普通株式については、原則として、議決権の有無を考慮せずに評価するものとされています（平成19年2月26日付課審6-1ほか2課共同「相続により取得した種類株式の評価について（平成19年2月19日付平成19・02・07中庁第1号に対する回答）」）。

しかし、これはあくまで課税上の評価であり、遺留分算定基礎額の算出のための評価の基準とは異なるとの指摘もされているところであり（吉岡毅「事業承継と種類株式の評価—無議決権株式を中心として—」金融法務事情1818号59頁以下参照）、遺留分侵害額の算定にあたり紛争となる可能性があることには注意が必要です。このような他の相続人との紛争を防止するにあたり、無議決権株式の導入の際に、後述の取得請求権付株式も合わせることにより、株式の金銭による取得を請求できることを可能にすることが考えられます。

(4)　譲渡制限株式

■　ア　譲渡制限株式とは

譲渡制限株式とは、譲渡による株式の取得について、会社の承認を要することを内容とする株式のことをいい、定款により、発行する全部の株式の内容とすることも（会社法107条1項1号）、種類株式の内容とすることも（会社法108条1項4号）可能です。

現在では、多くの中小企業が、すべての株式を譲渡制限株式としています。

■　イ　事業承継における主な活用方法

先代経営者以外の者が保有する譲渡制限株式を、経営者にとって望ましくない第三者に売却しようとした場合、会社はこれを承認しないことにより、株式の散逸を防止することが可能となります（中小企業庁「事業承継ガイドライン」68頁）。

　株主・株式取得者からの譲渡・取得の承認請求（会社法136条、137条、138条）に対して、会社が承認しない旨の決定をした場合には、株主・株式取得者は、会社または指定買取人による買取を請求することができますが、会社が譲渡制限株式を買い取る場合には、株主総会の特別決議を要することには注意が必要です（会社法140条2項、309条2項1号）。

　そして、会社による買取は、自己株式の取得にあたることから、その株主からの買取の価額は、買取りの効力が発生する日における株主への分配可能額（会社法461条2項）の範囲内である必要があります（会社法138条、会社法461条1項1号）。

　また、既に発行されている種類株式に譲渡制限を付するための定款変更においては、後述の通常の定款変更手続のほか、当該譲渡制限を付する種類株式およびその種類株式を交付される取得請求権付株式、取得条項付き株主に係る種類株主総会の特殊決議が必要となり（会社法111条2項、324条3項1号）、反対株主には株式買取請求権が認められています（会社法116条1項2号）。

(5)　取得請求権付株式

　取得請求権付株式とは、株主が会社に対し、その株式の取得を請求することができることを内容とした株式のことをいい、定款により、発行する全部の株式の内容とすることも（会社法107条1項2号）、種類株式の内容とすることも（会社法108条1項5号）可能です。

　先代経営者が保有する株式のうち、後継者でない他の相続人等に対して承継する株式を、譲渡制限を付すのに加えて、金銭を対価とする取得請求権付株式とします。

　そして、株式を取得したものの自由に株式を処分することができない後継者でない他の相続人等による取得請求権の行使による金銭化を促し、会社が当該株式を取得することによって、株式の散逸の防止と、後継者の議決権割合の増加を図ることができます。

　また、前述のとおり、後継者でない他の相続人等に対して無議決権株式を承継した場合に、取得請求権付株式としておくことにより、他の相続人等が無議決権株式の処分を行うことが可能となり、議決権種類株式の相続等における評価をめぐる紛争も予防することができます。

ウ　取得請求

　株主による取得請求権付株式の取得請求は、会社に対して、取得請求権付株式の数（種類株式発行会社にあっては、取得請求権付株式の種類及び種類ごとの数）を明らかにして行い、株券発行会社である場合には株券を提出する必要があります（会社法166条）。

　株主による取得請求によって、会社は、その請求の日において取得請求権付株式を取得することとなります（会社法155条4号）。

エ　注意点

　後継者でない他の相続人等からの請求にあたり、取得請求の対価の内容が会社の他の株式以外である場合には、対価である財産の帳簿価額が請求の日における分配可能額（第461条2項）を超えているときは、取得請求をすることができないことには注意が必要です（会社法166条1項ただし書き）。

　また、取得請求が可能である場合おいて、取得請求権の行使はあくまで株主の意思により行われるものであることから、対価の額によっては、資産が流出するおそれがあることにも注意が必要と言えます。

⑹　取得条項付株式

■ ア　取得条項付株式とは

　取得条項付株式とは、会社が一定の事由が生じたことを条件としてその取得を請求することができることを内容とした株式のことをいい、定款により、発行する全部の株式の内容とすることも（会社法107条1項3号）、種類株式の内容とすることも（会社法108条1項6号）可能です。

■ イ　事業承継における主な活用方法

　一般に、経営者以外の株主が死亡した場合には、相続により株式が分散してしまうことがあります。そこで、定款変更により、全株式を、株主の死亡を取得条件とする取得条項付株式に変更し、先代経営者は、遺言等により、遺留分に反しない限度で後継者ではない他の相続人にも自社株を相続させることとします。

　そして、先代経営者が死亡した場合には、会社が、先代経営者からこの株式を相続した後継者ではない他の相続人及び相続人ではない株主からこれを取得することにより、株式の散逸の防止と、後継者の議決権割合の向上を図ることができます。

　なお、後述の通り、取得の請求にあたっては、取得条項付株式の一部の取得も可能です（会社法107条2項3号ハ、108条2項6号イ）。

■ ウ　取得の効力

　会社は、定款に取得条件として定められた「一定の事由が生じた日」において（取得条項付株式の一部を取得する場合には、一定の事由が生じた日と会社法169条3項に定められた通知・公告の日から2週間を経過した日）において、対象株式を取得することとなります（会社法170条1項）。

■ エ　注意点

　発行済株式全部またはある種類の種類株式全部に取得条項付株式とする定款変更には、通常の定款変更の手続のほか、その株式を有する株主全員の同意が必要となります（会社法110条、107条1項3号、111条1項、108条1項6号）。

　株式の取得にあたっては、取得請求権付株式における場合と同様に、対価の内容が会社の他の株式以外である場合には、対価である財産の帳簿価額が分配可能額（第461条2項）を超えているときは、取得請求をすることができないことには注意が必要です（会社法170条5項）。

(7)　全部取得条項付種類株式

■ ア　全部取得条項付種類株式とは

　全部取得条項付種類株式とは、会社が株主総会の決議によってその種類の株式の全部を取得することができるという内容の種類株式をいいます（会社法108条1項7号）。

■ イ　事業承継における主な活用方法

　先代経営者及び後継者以外に株主が存在する場合において、定款変更により、普通株式の他に、全部取得条項付種類株式及び議決権制限種類株式（無議決権株式）の発行を可能にしたうえで、発行済株式の全てを全部取得条項付株式に変更を行います。その上で、第三者割当により普通株式を先代経営者及び後継者に割り当てる一方で、会社が他の者が有する全部取得条項付株式を取得し、取得対価として議決権制限種類株式（無議決権株式）や金銭等を交付します。

　その結果として、先代経営者及び後継者のみに議決権を集中することができ、事業承継がスムーズに進むこととなります。

　全部取得条項付種類株式を発行した会社が、株主総会の特別決議により全部取得条項付種類株式の全部を取得するには、株主総会の日の２週間前の日と取得について株主に通知・公告する日のいずれか早い日から取得日後６か月を経過する日までの間、以下の事項その他法務省令で定める事項を記載した書面または電磁的記録を本店に備え置く必要があります。

①　全部取得条項付種類株式を取得するのと引換えに金銭等を交付するときは、当該金銭等についての次に掲げる事項

イ　当該取得対価が当該株式会社の株式であるときは、当該株式の種類及び種類ごとの数又はその数の算定方法

ロ　当該取得対価が当該株式会社の社債（新株予約権付社債についてのものを除く。）であるときは、当該社債の種類及び種類ごとの各社債の金額の合計額又はその算定方法

ハ　当該取得対価が当該株式会社の新株予約権（新株予約権付社債に付されたものを除く。）であるときは、当該新株予約権の内容及び数又はその算定方法

ニ　当該取得対価が当該株式会社の新株予約権付社債であるときは、当該新株予約権付社債についてのロに規定する事項及び当該新株予約権付社債に付された新株予約権についてのハに規定する事項

ホ　当該取得対価が当該株式会社の株式等以外の財産であるときは、当該財産の内容及び数若しくは額又はこれらの算定方法

②　前号に規定する場合には、全部取得条項付種類株式の株主に対する取得対価の割当てに関する事項

③　株式会社が全部取得条項付種類株式を取得する日

　その上で、会社は、株主総会において、全部取得条項付種類株式の全部を取得することを必要とする理由を説明し（会社法171条3項）、特別決議（会社法309条2項3号）により取得を決定します。

　なお、株主総会において取得に反対した株主等は、取得日の20日前

の日から取得日の前日までの間に、裁判所に対し、会社による全部取得
条項付種類株式の取得価格の決定の申立てを行うことができます（会社
法172条1項）。

■ エ　取得の効力

　会社は、株主総会において決定された取得日において全部取得条項付
種類株式の全部を取得します（会社法173条）。

　会社は、取得日以後遅滞なく、会社が取得した全部取得条項付種類株
式の数その他の全部取得条項付種類株式の取得に関する事項として法務
省令で定める事項を記載し、又は記録した書面又は電磁的記録を作成し、
取得日から6か月間本店に備え置かなければなりません。

■ オ　注意点

　事業承継にあたり、全部取得条項付種類株式を活用するには、①会社
が全部取得条項付種類株式の発行会社となる定款変更の手続に加え、②
発行済株式について全部取得条項付種類株式とする発行済種類株式を全
部取得条項付種類株式とする通常の定款変更（会社法466条、309条2項
11号）のほか、当該定款変更を行う種類株式及びその種類株式を交付さ
れる取得請求権付株式・取得条項付株式に係る種類株主総会の特別決議
（会社法111条2項、324条2項1号）が必要となり、定款変更決議に反対
の株主には株式買取請求権が認められています（会社法116条1項2号）。

　さらに、③取得条項付株式の取得と異なり、会社が全部取得条項付種
類株式の全部を取得するには、**ウ**での説明のとおり、さらに株主総会の
特別決議が必要となります（会社法171条1項、309条2項3号）。

　また、会社による全部取得条項付種類株式の取得にあたっては、取得
請求権付株式及び取得条項付株式の取得の場合と同様に、対価である
財産の帳簿価額が分配可能額（第461条2項）を超えているときは、取
得をすることができないことには注意が必要です（会社法173条1項、

461条1項4号）。

　このように、全部取得条項付種類株式の取得については、①ないし③の手続について同じ株主総会で行うこともできると考えられてはいるものの、手続が煩瑣であり、平成26年会社法改正後においては、スクイーズアウトの方法として、特別支配株主の株式等売渡請求や、制度が整備された株式併合が活用されていくと考えられています（東京弁護士会中小企業法律支援センター他「事業承継支援の基礎知識」102頁）。

(8)　拒否権付種類株式

■ ア　拒否権付種類株式とは

　拒否権付種類株式とは、株主総会や取締役会、清算人会において決議すべき事項について、その決議の他に、当該種類の株式の種類株主を構成員とする種類株主総会の決議があることを必要とする定めをした、内容の異なる株式をいいます（会社法108条1項8号）。

　つまり、拒否権付種類株式の種類株主は、株主総会等において決議すべき事項についての拒否権を有することとなります。

■ イ　事業承継における主な活用方法

　先代経営者が全ての発行済株式を保有する場合において、事業承継にあたり、すべての株式を後継者に承継した場合には、後継者が株主兼代表者として、誰の監督も受けずに事業をおこなうこととなり、経験不足等により事業に失敗する可能性もあります。

　そこで、定款変更により、株主総会等の決議事項のうち一定の事項について拒否権を有する拒否権付種類株式を導入し、先代経営者に株式を割り当てます。

　そして、事業承継にあたり、後継者に普通株式のみを承継することにより、拒否権付種類株式を保有する先代経営者は、会社の重要事項について拒否権を留保することにより後継者を監督することができます。

■ ウ　注 意 点

　事業承継にあたり、先代経営者が拒否権付種類株式を保有し続けることになりますので、先代経営者と後継者との意見が相違するような場合には株主総会等における重要事項について種類株主総会の決議が得られない場合や、先代経営者の死亡等により種類株主総会の決議が得られない事態が考えられますので、その対策が必要となり、たとえば、拒否権付種類株式を導入するにあたり、合わせて、種類株主総会の決議が得られないことを条件とする取得条項付種類株式とする対策が考えられます。

(9)　役員選任権付種類株式

■ ア　役員選任権付種類株式とは

　役員選任権付種類株式とは、取締役又は監査役の選任について、その種類の株式の種類株主を構成員とする種類株主総会において取締役又は監査役を選任するとの定めをした、他と内容の異なる株式をいいます（会社法108条1項9号）。

　この役員選任権付種類株式は、指名委員会等設置会社及び公開会社は発行することができません（会社法108条1項ただし書き）。

　なお、役員選任権付種類株主総会によって選任された役員の解任については、定款によって別段の定めがある場合を除き、役員選任権付種類株主総会の決議によることとされています（会社法347条）。

■ イ　事業承継における主な活用方法

　先代経営者が全ての発行済株式を保有する場合において、事業承継にあたり、すべての株式を後継者に承継した場合には、後継者が株主として役員を選任することとなり、経験不足等により事業に失敗する可能性もあります。

　そこで、定款変更により、先代経営者の保有株式の一部を役員選任権

付種類株式に変更し、後継者にはそれ以外の普通株式を承継させることにより、先代経営者は、取締役や監査役を通じて後継者を監督することが可能となります。

また、先代経営者が保有していた役員選任権付種類株式を後継者に取得させることにより、仮に株式が分散していた場合であっても、後継者が取締役や監査役の人事権を掌握することにより、事業承継をスムーズに行うという活用方法も考えられます。

■ ウ 注 意 点

事業承継にあたり、先代経営者が種類株式を保有し続けた結果、意見対立等により決議が得られないリスクは拒否権付種類株式の場合と同様であり、役員選任権付種類株式の導入にあたっては、合わせて、種類株主総会の決議が得られないことを条件とする取得条項付種類株式とする方法等の検討が必要です。

なお、役員選任権付種類株主総会によって選任された役員について、当該役員を選任した種類株主総会において議決権を行使することができる種類株主が存在しない場合には、当該役員を株主総会の普通決議により解任することができます（会社法347条）。

⑽ 種類株式の導入手続

■ ア 定款の変更及び登記

種類株式の発行の発行にあたっては、まず、それぞれの種類株式の内容に応じて、以下の事項と発行可能種類株式総数を定款で定めなければならず、定款変更は株主総会の特別決議が必要となります（会社法108条2項、309条2項11号、466条）。

そして、定款変更手続を行った場合には、会社の本店所在地において、2週間以内に変更の登記をする必要があります（会社法911条3項6号・7号、915条1項）。

異なる内容を定める事項	定款で定める事項
剰余金の配当	当該種類の株主に交付する配当財産の価額の決定の方法、剰余金の配当をする条件その他剰余金の配当に関する取扱いの内容
残余財産の分配	当該種類の株主に交付する残余財産の価額の決定の方法、当該残余財産の種類その他残余財産の分配に関する取扱いの内容
株主総会において議決権を行使することができる事項	① 株主総会において議決権を行使することができる事項 ② 当該種類の株式につき議決権の行使の条件を定めるときは、その条件
株式の譲渡	当該種類の株式についての第171条第2項第1号に定める事項
株主から会社への取得請求権	① 当該種類の株式についての第171条第2項第2号に定める事項 ② 当該種類の株式一株を取得するのと引換えに当該株主に対して当該株式会社の他の株式を交付するときは、当該他の株式の種類及び種類ごとの数又はその算定方法
会社から株主への取得請求権	① 当該種類の株式についての第171条第2項第3号に定める事項 ② 当該種類の株式一株を取得するのと引換えに当該株主に対して当該株式会社の他の株式を交付するときは、当該他の株式の種類及び種類ごとの数又はその算定方法
株主総会特別決議による当該種類の株式全部の強制取得	① 第171条第1項第1号に規定する取得対価の価額の決定の方法 ② 当該株主総会の決議をすることができるか否かについての条件を定めるときは、その条件
株主総会決議事項等に関する拒否権	① 当該種類株主総会の決議があることを必要とする事項 ② 当該種類株主総会の決議を必要とする条件を定めるときは、その条件
種類株主総会での取締役等の役員の選任	① 当該種類株主を構成員とする種類株主総会において取締役又は監査役を選任すること及び選任する取締役又は監査役の数 ② ①の定めにより選任することができる取締役又は監査役の全部又は一部を他の種類株主と共同して選任することとするときは、当該他の種類株主の有する株式の種類及び共同して選任する取締役又は監査役の数 ③ ①又は②に掲げる事項を変更する条件があるときは、その条件及びその条件が成就した場合における変更後の①又は②に掲げる事項 ④ ①から③までに掲げるもののほか、法務省令で定める事項

【定款記載例】

剰余金の配当または残余財産の分配に関する種類株式

> （発行可能株式総数及び発行可能種類株式総数）
> 第●条　当会社の発行可能株式総数は●●株とし、当会社の発行可能種類株式総
> 　　数は次のとおりとする。
> 　　普通株式　　　　　　●株
> 　　Ａ種株式　　　　　　●株
> 　　Ｂ種株式　　　　　　●株
> 　　（優先配当）
> 第●条　・・・

議決権制限種類株式

> （発行可能株式総数及び発行可能種類株式総数）
> 第●条　当会社の発行可能株式総数は●●株とし、当会社の発行可能種類株式総
> 　　数は次のとおりとする。
> 　　普通株式　　　　　　●株
> 　　Ａ種株式　　　　　　●株
> 　　（無議決権株式）
> 第●条　Ａ種株式は、株主総会において議決権を有しない。

譲渡制限株式

> （発行可能株式総数及び発行可能種類株式総数）
> 第●条　当会社の発行可能株式総数は●●株とし、当会社の発行可能種類株式総
> 　　数は次のとおりとする。
> 　　普通株式　　　　　　●株
> 　　Ａ種株式　　　　　　●株
> 　　（株式の譲渡制限）
> 第●条　当会社のＡ種類株式を譲渡により取得するには、株主又は取得者は取締
> 　　役会の承認を受けなければならない。

取得請求権付株式

> （発行可能株式総数及び発行可能種類株式総数）
>
> 第●条 当会社の発行可能株式総数は●●株とし、当会社の発行可能種類株式総数は次のとおりとする。
>
> 　普通株式　　　　　　●株
>
> 　Ａ種株式　　　　　　●株
>
> （取得請求権）
>
> 第●条 Ａ種株主は、令和●年●月●日以降いつでも、当会社に対し、金銭の交付と引き換えに、その有するＡ種株式の全部又は一部の取得を請求することができるものとし、当会社は、Ａ種株主が取得の請求をしたＡ種株式を取得するのと引き換えに、Ａ種株式1株当たり、払込金額相当額及びＡ種累積未払配当金の合計額の金銭を、当該Ａ種株主に対して交付するものとする。

取得条項付株式

> （発行可能株式総数及び発行可能種類株式総数）
>
> 第●条 当会社の発行可能株式総数は●●株とし、当会社の発行可能種類株式総数は次のとおりとする。
>
> 　普通株式　　　　　　●株
>
> 　Ａ種株式　　　　　　●株
>
> （取得条項）
>
> 第●条 当会社は、令和●年●月●日以降いつでも、取締役会が別に定める日の到来をもって、Ａ種株式の全部又は一部を取得することができるものとし、当会社は、Ａ種株式を取得するのと引き換えに、当該Ａ種株主に対して事項に定める額（以下「償還価額」という。）の金銭を交付する。なお、Ａ種株式の一部を取得するときは、按分比例又は抽選の方法による。
>
> 2 償還価額は、Ａ種株式1株につき、Ａ種株式1株当たりの払込金額と、Ａ種株式累積未払配当金及び●●の合計額とする。

全部取得条項付種類株式

（発行可能株式総数及び発行可能種類株式総数）

第●条　当会社の発行可能株式総数は●●株とし、当会社の発行可能種類株式総数は次のとおりとする。

普通株式　　　　　●株

Ａ種株式　　　　　●株

Ｂ種株式　　　　　●株

（全部取得条項付種類株式）

第●条　当会社は、株主総会の特別決議により、Ａ種全部取得条項付種類株式の全てを取得することができる。

2　当会社は、株主総会の特別決議により、Ａ種全部取得条項付種類株式の全てを取得する場合は、これと引き換えに、その１株に対して１株の割合で、新たに発行するＢ種議決権制限株式を交付する。

拒否権付種類株式

（発行可能株式総数及び発行可能種類株式総数）

第●条　当会社の発行可能株式総数は●●株とし、当会社の発行可能種類株式総数は次のとおりとする。

普通株式　　　　　●株

Ａ種株式　　　　　●株

（拒否権付種類株式）

第●条　次の各号に掲げる事項については、株主総会決議のほか、Ａ種株式を構成員とする種類株主総会の決議を要する。

①　組織変更、合併、会社分割、株式交換又は株式移転

②　事業の全部又は重要な一部の譲渡

③　定款の変更

④　解散

役員選任権付種類株式

（発行可能株式総数及び発行可能種類株式総数）

第●条　当会社の発行可能株式総数は●●株とし、当会社の発行可能種類株式総数は次のとおりとする。

普通株式　　　　　　●株

A種株式　　　　　　●株

B種株式　　　　　　●株

（役員選任権付種類株式）

第●条　普通株主は、普通株主を構成員とする種類株主総会において取締役●名及び監査役●名を選任することができる。

2　A種株主は、A種株主を構成員とする種類株主総会において取締役●名及び監査役●名を選任することができる。

3　B種株主は、B種株主を構成員とする種類株主総会において取締役及び監査役を選任することができない。

■ イ　種類株式の発行

㋐　株式無償割当て

　種類株式の発行の方法としては、株式無償割当ての方法があります。

　株式無償割当てとは、会社が株主に対し新たに払込みをさせないで会社の株式の割り当てを行うことです（会社法185条）。

　株式の無償割当てを行うには、会社は、その都度、①株主に割り当てる株式の数（種類株式発行会社にあっては、株式の種類及び種類ごとの数）又はその数の算定方法、②当該株式無償割当てがその効力を生ずる日、③会社が種類株式発行会社である場合には、当該株式無償割当てを受ける株主の有する株式の種類を定め、株主総会（取締役会設置会社の場合には取締役会）の決議により決定する必要があります（会社法186条）。

㋑　第三者割当て

　次に、事業承継にあたり、特定の第三者に種類株式を発行する方法としては、第三者割当ての方法があります。

非公開会社においては、株主総会の特別決議によって、①募集株式の数（種類株式発行会社にあっては、募集株式の種類及び数。）、②募集株式の払込金額（募集株式1株と引換えに払い込む金銭又は給付する金銭以外の財産の額をいう。）又はその算定方法、③金銭以外の財産を出資の目的とするときは、その旨並びに当該財産の内容及び価額、④募集株式と引換えにする金銭の払込み又は③の財産の給付の期日又はその期間、⑤株式を発行するときは、増加する資本金及び資本準備金に関する事項により決定します（会社法199条2項、309条2項5号）。

　そして、発行する種類株式の割当てについては、取締役会決議（取締役会設置会社でない場合には株主総会の特別決議）によって、申込者の中から募集株式の割当てを受ける者を定め、かつ、その者に割り当てる募集株式の数を定め、発行することになります（会社法204条1項、2項）。

㈨　発行済株式の内容の変更

　定款変更により、発行済株式の内容の変更を行う場合には、株主総会の特別決議が必要となります（会社法309条2項11号、466条）。

　発行済株式の内容の変更により、ある種類の株式の種類株主に損害を及ぼすおそれがあるときは、当該種類の株式の種類株主を構成員とする種類株主総会（当該種類株主に係る株式の種類が2つ以上ある場合にあっては、その2つ以上の株式の種類別に区分された種類株主を構成員とする各種類株主総会）の特別決議が必要となります（会社法322条1項1号ロ、324条2項4号）。

　そして、発行済株式の一部を他の種類株式に変更する場合には、損害を受けるおそれのある他の種類株主総会の特別決議のほかに、①株式の内容の変更についての個々の株主と会社との合意、②株式の内容の変更に応じる株主と同一種類に属する他の株主全員の同意が必要となることに注意してください（昭和50年4月30日民四第2249号法務省民事局長回答）。

4 属人的定めの活用

(1) 株主ごとに異なる定め

　株式会社においては、株主をその有する株式の内容及び数に応じて平等に取り扱う必要はありますが（会社法109条1項　株主平等の原則）、例外として非公開会社においては、

① 剰余金の配当を受ける権利

② 残余財産の分配を受ける権利

③ 株主総会における議決権

について、株主ごとに異なる取り扱いを行う旨を定款で定めることができます（会社法109条2項、105条1項1号・2号・3号）。

　株式の内容に着目した種類株式に対し、株主に着目するものとして属人的定めといわれています。

　定款において、属人的定めがある場合には、その内容が種類株式と実質的に同様であることから、会社法ではそれを種類株式とみなして、種類株式に関する規定を適用するものとされています（会社法109条3項）。

(2) 主な活用方法

　この属人的株式については、認知症による経営者の判断能力が低下した場合への対応策になり、スムーズな事業承継に資するとして注目されています。

　具体的には、先代経営者が保有する株式の大半を後継者に贈与したうえで、先代経営者について株主総会における議決権について「株主●●（先代経営者）が保有する議決権を●●個とする。ただし、株主●●（先代経営者）が医師の診断により認知症と診断された場合には、議決権は

1個となる」と定めておくことにより、認知症と診断されるまでは拒否権付種類株式の活用と同様に議決権の行使を通じて後継者を監督することができる一方で、先代経営者が認知症により判断能力を失った場合には、議決権は元に戻り、後継者が意思決定を行うことができ、先代経営者の意思に従った事業承継が可能になるといえます。

(3) 導入手続

　属人的定めの導入にあたっては、種類株式の導入と同様に、定款の変更が必要となりますが、種類株式の導入の場合と異なり、株主総会の決議は、総株主の半数以上（これを上回る割合を定款で定めた場合にあっては、その割合以上）であって、総株主の議決権の4分の3（これを上回る割合を定款で定めた場合にあっては、その割合）以上に当たる多数をもって行う特殊決議が必要となる点には注意が必要です（会社法309条4項）。

　なお、属人的定めについては、種類株式とは異なり、登記の必要がなく、定款を確認しなければ外部の者がその存在や内容を知ることができません。

(4) 注 意 点

　属人的定めについては、株主平等原則の例外ということで、属人的定めの導入による差別的取扱いが合理的理由に基づかず、その目的において正当性を欠いているような場合や、特定の株主の基本的な権利を実質的に奪うものであるなど、当該株主に対する差別的取扱いが手段の必要性や相当性を欠くような場合には、そのような定款変更をした株主総会決議は、株主平等原則の趣旨に反するものとして無効になると考えられています。

　裁判例でも、株主総会の議決権に関する株主ごとの異なる規定及び原告らに剰余金の配当を受ける権利を一切与えない旨の規定を新設する定

款変更を行う旨の臨時株主総会決議について、原告らを被告の経営から実質的に排除し、原告らの財産的犠牲の下に現経営陣らによる被告の経営支配を盤石ならしめる目的で行われたものとして正当性を欠く上、株主としての基本的権利を実質的に奪うもので、原告に対する差別的取扱いが手段において相当性を欠くといえるから株主平等原則の趣旨に反しているなどとして、本件決議を無効としたものがあります（東京地裁立川支部平成25年9月25日判決）。

　したがって、株主平等原則の例外として属人的定めを新設することにより、少数株主を締出すことになる場合には、目的の正当性および手段の相当性について慎重に検討したうえで導入を考える必要があるといえます。

5 株式の評価（贈与・相続・譲渡）

　会社法を利用した事業承継を行う場合には、最終的に先代経営者から後継者に対して株式が承継されることになります。

　最終的な株式の承継の方法としては、贈与、相続や譲渡が考えられますが、その際に問題となるのが、承継する株式が非上場株式である場合の株式の評価です。

　先代経営者が親族等の後継者に対して非上場株式を承継する場合には、相続及び贈与を前提とするケースが多くなります。そこで、株式の評価としては、相続税及び贈与税の課税を念頭に、相続税財産評価に関する基本通達により、株式取得後の議決権割合により同族株主等か同族株主等以外の株主かを決し、それに応じた評価の方法に従い株式評価額を算定することとなります。

　ただし、後継者以外にも相続人等が多いような場合には、承継後においても遺留分を巡る紛争が起き、その中で事業承継において重要な株式の評価が争われることも少なくありません。この遺留分の侵害額算定にあたっての株式の評価は、上述の相続税の算定によるものとは異なりますので、事業承継にあたっては後継者でない他の相続人からの遺留分侵害額請求を念頭に置いた準備を進める必要があるといえ、**第6章**で説明する民法の遺留分に関する特例における除外合意や固定合意等を活用することも、遺留分を巡る紛争を未然に防止する策として重要と言えます。

　一方で先代経営者が株式を売買等で譲渡する場合には、譲渡人と譲受人との間の譲渡価格は、一般的には専門家に株式評価等を依頼し、配当還元方式や類似業種比準方式、純資産価額方式等の中から会社に適した方式により株式の評価が算定され、その評価を基準として譲渡価格が設定されます。このことは、後継者である譲受人が第三者であれば上記の方式に加え経済合理性等も考慮してある程度適正な評価を前提として譲

渡が行われることになろうかと考えますが、後継者である譲受人が親族であるような場合には、上記の方式や経済合理性等を考慮しない評価を前提とした譲渡価格となるおそれがあります。この譲渡が著しく低い価額の対価での譲渡と評価される場合には多額の贈与税が課税されることになりますので注意が必要となります。

第3章

信託の活用

1 信託の概要

(1) 信託とは

　信託は、委託者が、受託者に対し、財産権の移転その他の処分を行い、受託者が一定の目的（信託目的）に従い、受益者のために財産の管理又は処分及びその他の当該目的達成のために必要な行為をするという制度です（信託法2条1項）。

　委託者、受託者、受益者の3者で構成されるのが基本形です。

　委託者とは、契約・遺言等により信託をする者をいいます（信託法2条4項）。

　受託者とは、信託行為の定めに従い、信託財産に属する財産の管理又は処分及びその他の信託の目的の達成のために必要な行為をすべき義務を負うものをいいます（信託法2条5項）。

　受益者とは、受益権を有する者をいいます（信託法2条6項）。

　信託契約は、上記当事者間の信頼関係を前提に事務処理を依頼するという点では委任契約と類似していますが、委任契約では当事者の死亡によって契約が終了する（民法653条）のに対し、信託契約では当事者が死亡しても原則として終了せず、むしろ委託者が死亡した後も契約が存続することを念頭に置いている点（信託法90条等）で大きく異なっています。

　さらに、後述するように、信託契約には信託独自の機能である倒産隔離機能を有するという特徴があります。

(2) 信託の機能

① 財産管理機能

　信託により、委託者は自己に代わって、受託者に財産の管理処分を委

ねることになるため、信託は財産を管理する機能を有しています。

② 転換機能

信託により、信託対象財産は受益権という権利に転換します。そして、信託の目的に応じて受益権の内容は柔軟に定められることから、信託は財産の性質を転換させる機能を有しています。

③ 倒産隔離機能

信託における最も特徴的な機能です。

信託により、委託者から受託者に信託対象財産が移転することになるため、仮に委託者がその後破産しても信託財産は影響を受けず、委託者の債権者は信託財産を差し押さえることもできません（この点、委任契約においては、委任者の財産はあくまで委任者のものであり、受任者はそれを管理しているに過ぎませんので、委任者が破産等した場合には影響を受けることになります。）。

また、信託財産は受託者の財産からも隔離されますので、受託者の債権者は信託財産を差し押さえることはできず、受託者が破産しても影響を受けません。

このように、信託によって信託財産は、委託者及び受託者いずれの財産からも隔離されることになるため、信託は財産を倒産から隔離する機能を有しているといえます。

もっとも、このような倒産隔離機能を悪用し、委託者の財産を債権者から逃すための手段として信託が設定されるおそれもあります。そこで、信託法上、委託者が債権者を害することを知って信託をした場合には、債権者は、受託者が債権者を害するかどうかを知っていたか否かにかかわらず、信託の取消しを裁判所に求めることができます（詐害信託・信託法11条）。

⑶　信託の分類

①　契約による信託

　信託は、委託者と受託者との間での契約によって設定することができます。

　条文上は、特定の者に対し財産の譲渡、担保権の設定その他の財産の処分をする旨並びに当該特定の者が一定の目的に従い財産の管理又は処分及びその他の当該目的の達成のために必要な行為をすべき旨の契約として定められています（信託法3条1号）。

　契約による信託の場合、原則として契約締結時にその効力が生じることになります（信託法4条1項）。

②　遺言による信託

　信託は、契約によらずに遺言によって設定することも可能です。

　条文上は、特定の者に対し財産の譲渡、担保権の設定その他の財産の処分をする旨並びに当該特定の者が一定の目的に従い財産の管理又は処分及びその他の当該目的の達成のために必要な行為をすべき旨の遺言として定められています（信託法3条2号）。

　遺言による信託の場合、遺言の効力の発生時である委託者の死亡時にその効力が生じることになります（信託法4条2項、民法985条1項）。

③　自己信託

　信託は、契約や遺言によらずに、宣言することによって委託者自身を受託者として設定することも可能です。

　条文上は、特定の者が一定の目的に従い自己の有する一定の財産の管理又は処分及びその他の当該目的の達成のために必要な行為を自らすべき旨の意思表示を公正証書その他の書面又は電磁的記録で当該目的、当該財産の特定に必要な事項その他の法務省令で定める事項を記載し又は記録したものによってする方法として定められています（信

託法3条3号）。

　自己信託の場合、公正証書等の作成や、受益者として指定された者に対する確定日付のある証書による通知によって効力が生じることになります（信託法4条3項）。

■ イ　受益者による分類

　信託においては、委託者以外の第三者を受益者とすることはもちろんのこと、委託者自身が受益者となることも可能です。

　前者を他益信託、後者を自益信託と分類することができます。

信託における税制は、大きく以下の３つの課税方式に分けられます。

①受益者段階の発生時課税、②受益者段階の受領時課税、③信託段階の法人課税。

そして、さらに課税方式ごとに、①はi受益者等課税信託、②はii集団投資信託、iii退職年金等信託、iv特定公益等信託、③はv法人課税信託に分けられます。

このうち、税法上は、受益者が信託財産の実質的な所有者であるとして、その所得に課税することを前提に、i受益者等課税信託を原則的な取り扱いとし、他の課税方法を例外として位置づけています（法人税法12条、所得税法13条参照）。

以下では、事業承継においても原則的な受益者等課税信託について説明した上で、例外のうち問題となることが多い法人課税信託について説明します。

(1) 受益者等課税信託

■ ア 意 義

受益者等課税信託は、受益者が信託財産の実質的な所有者であるとして、その所得に課税する信託をいいます（①受益者段階の発生時課税）。

法律上は、信託の受益者（受益者としての権利を現に有するものに限る。）は当該信託の信託財産に属する資産及び負債を有するものとみなし、かつ、当該信託財産に帰せられる収益及び費用は当該受益者の収益及び費用とみなされると定められています（所得税法13条、法人税法12条）。

■ イ 内 容

　信託法上は、信託財産の所有権等は受託者に移転するとされているため、本来受託者に課税されるはずです。

　しかし、実質的に利益を得ているのは受益者のため、税法上は受益者を信託財産の実質的な所有者とみなして課税することとされています。

　そこで、信託税制では、この受益者等課税を原則として位置づけています。

　なお、ここでいう受益者等とは、以下の者を意味します。

　①　受益者としての権利を現に有する者[1]

　②　みなし受益者

　受益者でなくとも、信託の変更をする権限（軽微な変更をする権限として政令で定めるものを除く。）を現に有し、かつ、当該信託の信託財産の給付を受けることとされている者は、受益者とみなされます（所得税法13条2項）。

■ ウ 課税関係

㋐ 信託設定時

ⅰ 他益信託

　信託の当事者が個人か法人かによって、以下のように考えられます（いずれも適正対価の授受がないことを前提）。

　・個人から個人の場合、受益者に贈与税又は相続税（相続税法9条の2第1項）

　・個人から法人の場合、受益者である法人に受贈益課税（法人税法22条）。委託者である個人については対価が時価の2分の1未満の場合、みなし譲渡課税が課される（所得税法67条の3第3項、59

1　残余財産受益者（信託法182条1項1号）は含まれますが、停止条件が付された信託財産の給付を受ける権利を有する者、信託法第90条第1項各号に規定する委託者死亡前の受益者、帰属権利者（信託法182条1項2号）は含まれません（相続税法基本通達9の2−1）。

条1項1号）。

・法人から個人の場合、委託者である法人に譲渡課税・寄附金課税（法人税法22条2項、37条7項、同条8項）、受益者である個人に一時所得課税（所得税基本通達34−1(5)）又は給与課税

・法人から法人の場合、委託者に譲渡課税・寄附金課税、受益者に受贈益課税

ii 自益信託

課税関係は生じません。いわば自分から自分への贈与であり実質的な所有者に変更はないからです。

㈠ 信託期間中

受益者に所得税又は法人税が課税されます（所得税法13条、法人税法12条）

㈡ 信託終了時

受益者に信託財産が移転する場合には課税されません。前述のように、実質的な所有者である受益者のまま変更はないからです。

受益者以外の者に移転する場合は、実質的な所有者が変更するため、信託財産の取得者が個人の場合、贈与税又は相続税が課されることになります（相続税法9条の2第4項）。

⑵ 法人課税信託

法人課税信託とは、信託段階で受託者を納税義務者として課税される信託であり（③信託段階の法人課税）、法律上以下の信託のうち、集団投資信託、退職年金等信託、特定公益信託等に該当しないものをいいます（法人税法2条29号の2）。

・受益権を表示する証券を発行する旨の定めのある信託

・受益者が存しない信託

・法人が委託者となる信託で一定の要件を満たすもの

前述のように、信託においては受益者を信託財産の実質的な所有者と

みなして受益者に課税することが原則ですが、上記のように受益者が存在しない場合や証券が発行されており受益者が証券の移転と共に変更し特定できないような場合には、信託財産を法人とみなして受託者に課税することとしたのです。

　法人課税信託は、税法上の優遇税制が認められない（法人税法57条）といったように、税務上不利に扱われることがあるため、予期せず法人課税信託と認定されないよう注意することが必要です。

3 信託を活用した事業承継方法

信託は、事業承継の場面でも活用することができます。

以下、具体的な活用方法について説明します。

(1) 遺言代用信託

■ア 意 義

遺言代用信託とは、委託者の死亡の時に受益権を取得する旨の定めのある信託をいい（信託法90条）、文字どおり遺言の代わりに信託を設定するものです。

■イ 具体例

遺言代用信託を活用した事業承継方法としては、例えば、経営者（委託者）が、生前に自社株式を対象として、信頼できる相手を受託者とする信託を設定し、信託契約において、経営者の生存中は自らを受益者として株式の配当を受けると共に（自益信託）、受託者に対しては議決権行使の指図権行使により経営権を維持しつつ、経営者の死亡時には後継者に受益権を取得させる（他益信託）ということが挙げられます。

【イメージ図】

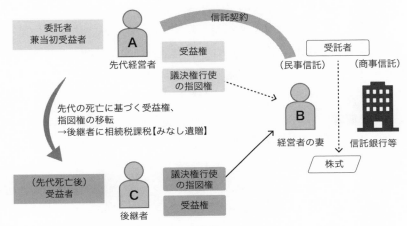

（出典）中小企業庁「事業承継ガイドライン」69頁

■ ウ 特 徴

㋐ 遺言代用信託の特徴

遺言代用信託の特徴としては、以下の点が挙げられます。

① 経営者は、生存中は引き続き経営権を維持しつつ、死亡時には後継者が確実に経営権を取得することができる。

② 自社株式に信託を設定することにより、受託者が自社株式を管理することになるため、信託契約で経営者の受益者変更権を否定する旨定めれば、経営者が第三者に自社株式を処分するリスクを防止し、後継者の地位が安定する（遺言の場合には、後継者に自社株を相続させるとしていても、遺言者はいつでも撤回することができるため（民法1022条）、後継者の地位は安定しません。）。

③ 後継者は、経営者の死亡による相続開始と同時に受益者となるため、経営上の空白期間が生じない（遺言の場合には、遺言書の紛失、矛盾する遺言の存在等のリスクがあり、遺言の執行までにある程度のタイムラグが生じる可能性があります。）。

㈤　遺言代用信託活用のメリット

このような特徴から、遺言代用信託は、遺言に比して、事業承継の場面で活用できるメリットは大きいといえます。

もっとも、遺言代用信託においても、遺言と同様に遺留分の問題が生じることに注意が必要です（後述の裁判例参照）。

この点をカバーするために、受益権を分割して、後継者のみならず相続人兼非後継者にも承継させつつ、議決権行使の指図権を後継者のみに付与することによって、遺留分侵害の問題を回避しつつ、議決権の分散を防止し、後継者に事業を承継できると考えられています。

また、経営者が認知症になった場合に株主としての議決権の行使をどのようにするか、についても手当をしておいた方がよいでしょう。

㈥　遺言代用信託のデメリット

なお、後述の事業承継税制による贈与税及び相続税の猶予免除制度が適用されないことが遺言代用信託のデメリットとされています。

■ エ　契約書例

契約書例①遺言代用信託に関する信託契約書

信託契約書

　甲○○○○（以下「委託者」という。）と乙○○○○（以下「受託者」という。）は、次の条項からなる信託契約を締結した。

（信託の目的）

第1条　本契約は、○○社の安定した経営を確保すると共に、後継者であるA に円滑に承継させることを目的とする。

（信託の成立）

第2条　委託者は、受託者に対し、第3条記載の信託財産を譲渡し、前条の目的をもって管理するものとし、受託者はこれを引き受けた。

（信託財産及びその移転）

第3条　本契約の信託財産は、別紙信託財産目録記載の株式等（以下「本件信託株式等」という。）とする。

2　本契約締結により、本件信託株式等は受託者に移転するものとし、委託者及び受託者は協力して、本件信託株式にかかる株券の引渡し、譲渡承認、株主名簿の名義書換等その他必要となる手続を行う。

（信託事務）

第4条　受託者は、第1条の信託の目的に従い、以下の事務を行う。

①　本件信託株式等を管理すること

②　○○社より剰余金等の金員を受領したときは、第6条の信託費用を控除した残金を第10条に定める受益者（以下「本件受益者」という。）に交付すること

③　○○社の株主総会において、第12条に定める指図権者の指図に従い、本件信託株式の議決権を行使すること

④　その他第1条の目的を達成するために必要な事務

2　受託者は、善良なる管理者の注意をもって、前項の事務を処理する。

（受託者に対する制限）

第5条　受託者は、本件信託株式等を処分することはできないものとする。

（信託費用）

第6条　受託者は、本件信託株式等から信託事務の処理に要する費用（以下「信託費用」という。）の償還を受けることができる。

2　受託者は、本件受益者から前項の信託費用の前払いを受けることができる。

（信託の計算等）

第7条　受託者は信託事務に関する財産状況を明らかにするために、帳簿を作成する。

2　受託者は、○○社の事業年度の終了から○か月以内に、信託財産目録及び収支計算書を作成し、本件受益者に提出する。

3　受託者は、第1項の帳簿を作成から10年間保存し、前項の信託財産目録及び収支計算書については本件信託の清算結了日まで保存する。

（信託報酬）

第8条　受託者の報酬は、月○円とする。

（受益権）

第9条　本契約における受益権は、次のとおりとする。

本件信託株式等の剰余金その他株主として得られる経済的利益

（受益者）

第10条　本契約の当初の受益者は、委託者とする。

2　委託者が死亡したときは、次の者を第二受益者として指定する。

　　　①　氏名　　　A
　　　　　住所
　　　　　生年月日

　　　②　氏名
　　　　　住所
　　　　　生年月日

（受益権の譲渡・承継・質入れ）

第11条　受益権は、これを譲渡又は質入れすることができないものとする。

（議決権行使の指図権）

第12条　指図権者は、受託者に対し、本件信託株式の議決権の行使について指図する。

2　本契約の当初の指図権者は、委託者とする。

3 委託者が死亡した場合、A を指図権者とする。

（信託の変更）

第13条 本契約は、指図権者の書面による意思表示により変更することができる。

（信託の終了）

第14条 本契約は、以下の事由に該当した場合に終了する。

① 委託者と受託者の合意解約

② Aが死亡したとき

③ ○○社が解散したとき

（残余財産受益者）

第15条 本契約の残余財産受益者は、委託者とし、委託者が死亡したときは、第10条2項に定める第二次受益者とする。

（契約に定めのない事項の処理）

第16条 信託事務の処理に関し、本契約に別段の定めがない事項については、委託者、受託者、本件受益者で誠実に協議のうえ解決する。

（管轄合意）

第17条 委託者及び受託者は、本契約に関して紛争が生じた場合には、委託者の住所地を管轄する○○裁判所を第一審の専属的合意管轄裁判所とすることを合意する。

　上記契約の成立を証するため、本契約書2通を作成し、委託者、受託者が各1通を保有するものとする。

令和○○年○○月○○日

甲

　　住所

　　　　　　氏名　　　　　　　　㊞

乙

　　住所

　　　　　　氏名　　　　　　　　㊞

(2) 他益信託

　他益信託とは、前述のように委託者以外の者が受益者となる信託をいいます。

　他益信託を活用した事業承継方法としては、例えば、経営者（委託者）が、生前に自社株式を対象として信託を設定し、信託契約において、後継者を受益者と定めつつ、議決権行使の指図権を保持する旨定めるということが挙げられます。

【イメージ図】

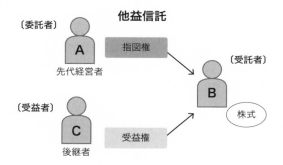

㋐　他益信託の特徴

他益信託の特徴としては、以下の点が挙げられます。

①　経営者が、経営権を維持しつつ、後継者は財産的利益を得ることができる。

②　信託終了時に後継者が自社株式の交付を受ける旨を契約で定めることによって、後継者の地位を確立することができる。

③　議決権行使の指図権の移転事由などについて、経営者の意向に応

じた柔軟なスキーム構築が可能。

④　課税に注意する必要がある。

㈡　メリット・デメリット

さらに、他益信託を用いた事業承継は、種類株式の発行による事業承継に比べても利点があります。

第2章で詳しく説明しましたように、種類株式を用いた事業承継の方法としては、拒否権付株式（いわゆる黄金株）を発行して、経営者が拒否権付株式を保持し、株主総会での重要議案に対する拒否権を行使できるという形で経営にかかわりながら、その他の自社株式は後継者に生前贈与することによって、前述の他益信託の内容に類似する形で事業承継するというものが考えられます。

しかしながら、上記方法では、経営者はあくまで株主総会の決議を拒否することができるにとどまります。また、そもそも種類株式を発行するための手続（株主総会の特別決議、登記等）が煩雑といったデメリットがあります。さらに、議決権の過半数を有する普通株主と対立した場合には、デッドロックのおそれもあります。

これに対し、他益信託を用いた場合、経営者は議決権行使の指図権を有しているため、決議の拒否にとどまらず、積極的に会社の意思決定に関わることができます。また、種類株式を発行するための煩雑な手続も不要です。

もっとも、受託者に対する信託報酬が必要になるでしょうから、双方のメリット・デメリットを踏まえて適切な方法を選択するのがよいでしょう。

契約書例②他益信託に関する信託契約書

信託契約書

　甲○○○○（以下「委託者」という。）と乙○○○○（以下「受託者」という。）は、次の条項からなる信託契約を締結した。

（信託の目的）

第1条　本契約は、○○社の安定した経営を確保すると共に、後継者であるA に円滑に承継させることを目的とする。

（信託の成立）

第2条　委託者は、受託者に対し、第3条記載の信託財産を譲渡し、前条の目的をもって管理するものとし、受託者はこれを引き受けた。

（信託財産及びその移転）

第3条　本契約の信託財産は、別紙信託財産目録記載の株式等（以下「本件信託株式等」という。）とする。

2　本契約締結により、本件信託株式等は受託者に移転するものとし、委託者及び受託者は協力して、本件信託株式にかかる株券の引渡し、譲渡承認、株主名簿の名義書換等その他必要となる手続を行う。

（信託事務）

第4条　受託者は、第1条の信託の目的に従い、以下の事務を行う。

　①　本件信託株式等を管理すること

　②　○○社より剰余金等の金員を受領したときは、第6条の信託費用を控除した残金を第10条に定める受益者に交付すること

　③　○○社の株主総会において、第12条に定める指図権者の指図に従い、本件信託株式の議決権を行使すること

　④　その他第1条の目的を達成するために必要な事務

2　受託者は、善良なる管理者の注意をもって、前項の事務を処理する。

（受託者に対する制限）

第5条 受託者は、本件信託株式等を処分することはできないものとする。

（信託費用）

第6条 受託者は、本件信託株式等から信託事務の処理に要する費用（以下「信託費用」という。）の償還を受けることができる。

2 受託者は、受益者から前項の信託費用の前払いを受けることができる。

（信託の計算等）

第7条 受託者は信託事務に関する財産状況を明らかにするために、帳簿を作成する。

2 受託者は、○○社の事業年度の終了から○か月以内に、信託財産目録及び収支計算書を作成し、受益者に提出する。

3 受託者は、第1項の帳簿を作成から10年間保存し、前項の信託財産目録及び収支計算書については本件信託の清算結了日まで保存する。

（信託報酬）

第8条 受託者の報酬は、月○円とする。

（受益権）

第9条 本契約における受益権は、次のとおりとする。

本件信託株式等の剰余金その他株主として得られる経済的利益

（受益者）

第10条 本契約の受益者は、Ａ（住所○○、生年月日○○）とする。

（受益権の譲渡・承継・質入れ）

第11条 受益権は、これを譲渡又は質入れすることができないものとする。

（議決権行使の指図権）

第12条 指図権者は、受託者に対し、本件信託株式の議決権の行使について指図する。

2 本契約の指図権者は、委託者とする。

（信託の変更）

第13条 本契約は、委託者の書面による意思表示により変更することができる。

（信託の終了）

第14条 本契約は、以下の事由に該当した場合に終了する。

① 委託者と受託者の合意解約

② 委託者又は受益者が死亡したとき

③ ○○社が解散したとき

（信託契約終了時の処理）

第15条 本契約終了時、受託者は、受益者に対し、本件信託株式を交付する。

（残余財産受益者）

第16条 本契約の残余財産受益者は、受益者とする。

（契約に定めのない事項の処理）

第17条 信託事務の処理に関し、本契約に別段の定めがない事項については、委託者、受託者、受益者で誠実に協議のうえ解決する。

（管轄合意）

第18条 委託者及び受託者は、本契約に関して紛争が生じた場合には、委託者の住所地を管轄する○○裁判所を第一審の専属的合意管轄裁判所とすることを合意する。

　上記契約の成立を証するため、本契約書2通を作成し、委託者、受託者が各1通を保有するものとする。

　　　　　　　　　　　　　　　　　　　令和○○年○○月○○日

甲

　　住所

　　　　　　　氏名　　　　　　　　　㊞

乙

　　住所

　　　　　　　氏名　　　　　　　　　㊞

(3) 後継ぎ遺贈型受益者連続信託

ア 意 義

後継ぎ遺贈型受益者連続信託とは、受益者の死亡により、当該受益者の有する受益権が消滅し、他の者が新たな受益権を取得する旨の定め（受益者の死亡により順次他の者が受益権を取得する旨の定めを含む。）のある信託をいいます（信託法91条）。

イ 具体例

経営者（委託者）が、生前に自社株式を対象として信託を設定し、信託契約において、後継者を受益者と定めつつ、後継者が死亡した場合には、その受益権が消滅し、次の順位の後継者が新たに受益権を取得する旨定めるという例が挙げられます。

【イメージ図】

後継ぎ遺贈型

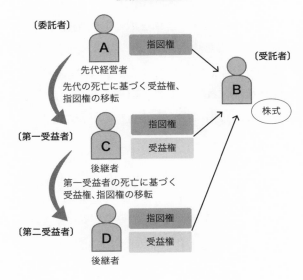

⑦　子の世代・孫の世代まで

① 　子の世代だけでなく、孫の世代の後継者についてもあらかじめ定めることができる。

② 　子の世代では、受益権を分割して、後継者のみならず相続人兼非後継者にも承継させつつ、議決権行使の指図権を後継者のみに付与することによって、遺留分侵害の問題を回避しつつ、後継者に事業を承継し、さらに孫の世代での後継者が完全な受益権を取得するというような柔軟な対応が可能（遺言の場合には、推定相続人の死後の遺産相続（孫の代に誰が何を相続するか）までは指定できないと考えられています。）。

⑦　制　　限

もっとも、孫世代にとどまらず、曾孫世代、さらにはその先というように、どこまでも無制限に定められるわけではありません。

法律上、「当該信託がされた時から三十年を経過した時以後に現に存する受益者が当該定めにより受益権を取得した場合であって当該受益者が死亡するまで又は当該受益権が消滅するまでの間」という期間制限が定められていることに注意が必要です（信託法91条）。

また、受益権が承継されるごとに、財産を相続したものとして相続税が課されることから、負担が重くなる点にも注意が必要です。

■ **エ 契約書例**

契約書例③後継ぎ遺贈型受益者連続信託に関する信託契約書

信託契約書

　甲○○○○（以下「委託者」という。）と乙○○○○（以下「受託者」という。）は、次の条項からなる信託契約を締結した。

（信託の目的）

第1条　本契約は、○○社の安定した経営を確保すると共に、後継者であるＡに円滑に承継させることを目的とする。

（信託の成立）

第2条　委託者は、受託者に対し、第３条記載の信託財産を譲渡し、前条の目的をもって管理するものとし、受託者はこれを引き受けた。

（信託財産及びその移転）

第3条　本契約の信託財産は、別紙信託財産目録記載の株式等（以下「本件信託株式等」という。）とする。

2　本契約締結により、本件信託株式等は受託者に移転するものとし、委託者及び受託者は協力して、本件信託株式にかかる株券の引渡し、譲渡承認、株主名簿の名義書換等その他必要となる手続を行う。

（信託事務）

第4条　受託者は、第１条の信託の目的に従い、以下の事務を行う。

　①　本件信託株式等を管理すること

　②　○○社より剰余金等の金員を受領したときは、第６条の信託費用を控除した残金を第10条に定める受益者（以下「本件受益者」という。）に交付すること

　③　○○社の株主総会において、第12条に定める指図権者の指図に従い、本件信託株式の議決権を行使すること

　④　その他第１条の目的を達成するために必要な事務

2　受託者は、善良なる管理者の注意をもって、前項の事務を処理する。

（受託者に対する制限）

第5条　受託者は、本件信託株式等を処分することはできないものとする。

（信託費用）

第6条　受託者は、本件信託株式等から信託事務の処理に要する費用（以下「信託費用」という。）の償還を受けることができる。

2　受託者は、本件受益者から前項の信託費用の前払いを受けることができる。

（信託の計算等）

第7条　受託者は信託事務に関する財産状況を明らかにするために、帳簿を作成する。

2　受託者は、○○社の事業年度の終了から○か月以内に、信託財産目録及び収支計算書を作成し、本件受益者に提出する。

3　受託者は、第1項の帳簿を作成から10年間保存し、前項の信託財産目録及び収支計算書については本件信託の清算結了日まで保存する。

（信託報酬）

第8条　受託者の報酬は、月○円とする。

（受益権）

第9条　本契約における受益権は、次のとおりとする。

本件信託株式等の剰余金その他株主として得られる経済的利益

（受益者）

第10条　本契約の当初の受益者は、A（住所○○、生年月日○○）とする。

2　Aが死亡したときは、次の者を第二受益者として指定する。

　①　氏名

　　　住所

　　　生年月日

（受益権の譲渡・承継・質入れ）

第11条　受益権は、これを譲渡又は質入れすることができないものとする。

（議決権行使の指図権）

第12条　指図権者は、受託者に対し、本件信託株式の議決権の行使について指図する。

2　本契約の当初の指図権者は、委託者とする。

3　委託者が死亡した場合、Aを指図権者とする。

4　A死亡後の指図権者は、第二受益者とする。

（信託の変更）

第13条　本契約は、指図権者の書面による意思表示により変更することができる。

（信託の終了）

第14条　本契約は、以下の事由に該当した場合に終了する。

①　委託者と受託者の合意解約

②　○○社が解散したとき

（残余財産受益者）

第15条　本契約の残余財産受益者は、本件受益者とする。

（契約に定めのない事項の処理）

第16条　信託事務の処理に関し、本契約に別段の定めがない事項については、委託者、受託者、本件受益者で誠実に協議のうえ解決する。

（管轄合意）

第17条　委託者及び受託者は、本契約に関して紛争が生じた場合には、委託者の住所地を管轄する○○裁判所を第一審の専属的合意管轄裁判所とすることを合意する。

　上記契約の成立を証するため、本契約書2通を作成し、委託者、受託者が各1通を保有するものとする。

令和○○年○○月○○日

甲

　　住所

　　　　　　　氏名　　　　　　　　　㊞

乙

　　住所

　　　　　　　氏名　　　　　　　　　㊞

㋐ 問題点

　信託契約においては、①委託者の意思能力、②契約内容の妥当性（他
の相続人の権利を害するようなものであり、公序良俗に反しないか）と
いう点が問題になることが多い傾向にあります。

　これは、経営者（委託者）が、後継者を定めようとの考えに至る頃に
は、通常ある程度高齢になっていることが多く（①の問題）、また、特
定の後継者を重視するあまり、非後継者である他の相続人を害するおそ
れもあるからです（②の問題）。

　近年、後継ぎ遺贈型受益者連続信託の事案において、これらの問題が
争われた裁判例（東京地判平成30年9月12日、金融法務事情2104号
78頁）があります。

　この裁判例の事案では、事業の承継ではなく、財産の承継を目的とし
た信託契約が問題となり、結論として、当該信託契約を一部無効と判断
しました。その判断は、事業承継を目的とする信託においても、留意す
べきものと言えます。内容は以下のとおりです。

㋑ 事案の概要

　本裁判例の事案は複雑ですが、概要は以下のとおりです。

・平成27年1月25日、Aが入院。同月31日に胃がんの末期状態と診断
・同年2月1日、Aは、二女Bに対し、Aの全財産の3分の1に相当す
　る財産についての死因贈与契約を締結すると共に、二男Yに対し、
　全財産の3分の2に相当する財産についての死因贈与契約を締結
・同年2月5日、AがYとの間で、委託者をA、受託者をYとする以
　下の内容の信託契約を締結
　⇒信託目的は、Aの死亡後も、その財産を受託者が管理・運用する
　　ことによって、Y及びその直系血族がいわゆるA家を継ぎ、お墓・
　　仏壇を守っていってほしいとのAの意思を反映した財産管理を継
　　続すること

　　Aとしては、祭祀を承継するYにおいて、その子孫を中心として管
　　理、運用することにより、末永くA家が繁栄していくことを望む
⇒信託財産は、A所有の全ての不動産（賃貸物件のみならず、自宅（駐
　　車場は一部貸与）や無償貸与地、山林等の経済的利益の分配が想
　　定されない不動産も含む）及び300万円
⇒当初受益者はA
　　A死亡後の受益者について、第1順位は、<u>長男Xに受益権割合6
　　分の1、Bに受益権割合6分の1、Yに受益権割合6分の4</u>²
　　第2順位にYの子供らが均等に取得
　　受益権を有する者が死亡した場合には、その者の有する受益権は
　　消滅し、次順位の者が新たな受益権を取得する
⇒受益者が複数となった場合は、受益者の一人は他の受益者に対し
　　て当該受益者の有する受益権持分の取得を請求することができ
　　る。なお、取得する受益権の価格は、最新の固定資産税評価額を
　　もって計算した額
・同年2月18日、Aの死亡
・平成28年1月23日、Xは、Yに対し、本件死因贈与又は本件信託
　によって遺留分を侵害されたとして、遺留分減殺請求権（相続法改
　正前、現在は遺留分侵害請求権）を行使し、訴訟を提起
・Xは、裁判において、上記信託契約等は、Aが末期がんにより意識が
　もうろうとした状態でなされたものであり、Aの意思無能力により無
　効である、仮に意思能力があったとしても、Xの遺留分減殺請求を不
　当に免れようとするものであり、本件信託契約等は公序良俗違反に
　より無効であるとして、各不動産の所有権移転登記及び信託登記の
　抹消を求めると共に、予備的請求として信託契約等が有効である場
　合は遺留分減殺請求権の行使による信託登記抹消等を求めた

2　各自の遺留分は、6分の1となるため、形式的には遺留分に配慮された割合となっている。

㋕　争　点

　本裁判例の争点も多岐にわたりますが、信託との関係では、主に以下の点が問題となりました。

①　信託契約におけるＡの意思能力の有無

②　信託契約が公序良俗に反するか

③　信託契約が有効な場合、遺留分減殺請求（相続法改正前）の対象は信託財産と受益権のどちらか

㋖　裁判所の判断

①について

　Ａの信託契約締結前の病状や、やり取り等を踏まえ、Ａは、平成27年１月25日に入院した時点において、意思能力に欠ける点はなく、その後も同年２月２日には、自ら呼んだ信託銀行の担当者からも遺言について説明を聞くなどして自発的に検討をしており、他方、本件死因贈与及び本件信託を行うまで、意識障害が生じるなどして意思能力を欠く状態になったことをうかがわせる事情は見当たらない。したがって、本件死因贈与及び本件信託の時点において、Ａが意思能力を欠く常況にあったとは認められないと判断しました。

②について

　Ａは、本件信託において、Ａ所有の全ての不動産を目的財産とし、信託財産により発生する経済的利益を受益者に受益権割合に従って分配するものとした。しかし、Ａ所有不動産のうち、無償貸与地等は、これを売却しあるいは賃貸して収益を上げることが現実的に不可能な物件であること、また、自宅等の不動産についても、駐車場部分の賃料収入は同不動産全体の価値に見合わないものであり、売却することも、あるいは全体を賃貸してその価値に見合う収益を上げることもできていないことが認められ、これらは本件信託当時より想定された事態であるといえることからすると、Ａは、上記各不動産から得られる経済的利益を分配することを本件信託当時より想定していなかったものと認めるのが相当で

ある。

　加えて、Aが<u>本件信託前に行った本件死因贈与は、Xの遺留分を侵害</u><u>する内容のもの</u>であったこと、本件信託は、Aの全財産のうち全ての不動産と300万円を目的財産とし、Xに遺留分割合と同じ割合の受益権を与えるにとどまるものであったことからすると、Xが遺留分減殺請求権を行使することが予想されるところ、<u>仮に、Xが遺留分減殺請求権を行</u><u>使し、本件信託におけるXの受益権割合が増加したとしても、上記各不</u><u>動産により発生する経済的利益がない限り、Xがその増加した受益権割</u><u>合に相応する経済的利益を得ることは不可能</u>である。

　そして、本件信託においては、受益者は他の受益者に対して受益権の取得を請求することができるとされているものの、その取得価格は最新の固定資産税評価額をもって計算した額とするものと定められていることからすると、<u>受益権の取得請求によっても上記各不動産の価値に見合</u><u>う経済的利益を得ることはできない</u>。そうすると、<u>Aが上記各不動産を</u><u>本件信託の目的財産に含めたのは、むしろ、外形上、Xに対して遺留分</u><u>割合に相当する割合の受益権を与えることにより、これらの不動産に対</u><u>する遺留分減殺請求を回避する目的であったと解さざるを得ない</u>。

　したがって、本件信託のうち、<u>経済的利益の分配が想定されない上記</u><u>各不動産を目的財産に含めた部分は、遺留分制度を潜脱する意図で信託</u><u>制度を利用したものであって、公序良俗に反して無効</u>であるというべきであると判断しました。

③について

　<u>信託契約による信託財産の移転は、信託目的達成のための形式的な所</u><u>有権移転にすぎないため、実質的に権利として移転される受益権を対象</u><u>に遺留分減殺の対象とすべきである</u>と判断しました。

　㋤ **検　討**

　本件事案は、後継ぎ遺贈型受益者連続信託の有効性が問題となった事案ですが、その内容は、信託契約全般で問題になり得るものです。

まず、①意思能力の争点について、信託契約は契約である以上、経営者（委託者）の意思能力は常に問題になります。特に、後継者を定めようとの考えに至る頃には、委託者自身が高齢となり、本件のように何らかの病気に罹患しているといった状況にあることも多いかと思います。

　そのため、信託契約を締結する際には、意思能力の問題を意識することが重要です。具体的には、後々意思能力の有無に関する紛争に巻き込まれないよう、委託者が高齢や病気に罹患している等の事情により、意思能力に少しでも不安な要素があると考えられる場合には、信託契約締結前に事前に医師の診断書等意思能力の存在を担保する証拠を揃えることが必要でしょう。

　次に、②公序良俗違反の争点について、本件信託では、形式的には、Xの遺留分を考慮したような内容になっていても、一部の信託対象の不動産については、実際にはXが遺留分減殺請求権を行使しても遺留分に見合った経済的利益を享受できないものであったことを理由に、遺留分制度を潜脱する意図で信託制度を利用したとして公序良俗に反すると判断しています。この判断からは、信託契約が遺留分制度を潜脱する意図でなされたと捉えられないよう、信託対象とする財産の実質的な価値を検討することが必要です。特に本件のように問題となりやすい不動産については、評価書等を作成し証拠を残しておくと共に、後継者のみならず他の相続人の利益も考慮することが重要です。

　最後に、③遺留分減殺請求権の対象は信託財産と受益権のどちらか、という点については、従来考え方が分かれており、遺留分算定の基礎となる財産の価額等に影響を与えるところ、本裁判例では受益権を対象とする旨判断しています。

第4章

経営承継円滑化法
の活用

1 経営承継円滑法の概要

　中小企業の経営者が事業を後継者にふさわしいと考える子や親族に承継しようとして、その保有する株式を贈与しても、後述の遺留分制度による制限等を受け、会社の株式が分散したり、その所有権をめぐって紛争が生じたりすることが多く、円滑な経営の承継に障害が生じていました。

　そこで、中小企業の経営の円滑な承継に資するため、平成20年に「中小企業における経営の承継の円滑化に関する法律」（以下「経営承継円滑化法」といいます。）が成立しました。

　この経営承継円滑化法は、事業承継税制、金融支援措置、民法における遺留分の特例という3つの柱で構成されていますので、以下順に見ていきましょう。

2 事業承継税制

(1) 意　義

　まず、1つめの柱は、事業承継税制です。

　事業承継税制とは、事業の後継者である受贈者・相続人等が、経営承継円滑化法の認定を受けた非上場株式等を贈与または相続等により取得した場合、その非上場株式等にかかる贈与税・相続税について、一定の要件のもと、その納税が猶予され、また、経営者の死亡等により納税が猶予されている贈与税・相続税の納付が免除される制度です（租税特別措置法70条の7の5、70条の7の6）。

　事業承継の対象者に係る税負担の軽減を目的としており、さらに一般措置と特例措置に分けることができます。

　なお、事業承継税制については、法人版事業承継税制を念頭において解説しています。この点、本稿では説明を省略しますが、令和元年税制改正で制定された個人版事業承継税制では、対象となる資産が、「特定事業用資産」（土地・建物・減価償却資産等）とされており、その他要件等が異なっているため注意が必要です。

(2) 一般措置

■ア　意　義

　事業承継税制には一般措置と特例措置があります。このうち、まず一般措置とは、先代経営者からの相続や贈与等によって、後継者が取得した自社株式のうち総株式数の最大3分の2までについて、贈与税については100%、相続税については80%部分の納税が猶予されるというものです。

納税猶予を受けるためには、会社、先代経営者、後継者について、それぞれ以下の要件をみたす必要があります。

(ア) 会社の主な要件

① 中小企業者

中小企業者とは以下の表の要件を満たした会社をいいます。

業種目		資本金	又は	従業員数
製造業その他の業種　　　　　　　下記以外		3億円以下		300人以下
	製造業のうちゴム製品製造業（自動車又は航空機用タイヤ及びチューブ製造業並びに工業用ベルト製造業を除く）	3億円以下		900人以下
卸売業		1億円以下		100人以下
小売業		5,000万円		50人以下
サービス業		5,000万円以下		100人以下
	サービス業のうちソフトウェア業又は情報処理サービス業	3億円以下		300人以下
	サービス業のうち旅館業	5,000万円以下		200人以下

出典：中小企業庁

② 上場会社、風俗営業会社に該当しないこと

③ 従業員が常時1人以上であること

④ 資産保有型会社等[3]に該当しないこと

(イ) 先代経営者の主な要件

① 会社の代表者であったこと

② 相続開始時又は贈与時において、現経営者と現経営者の親族などで、総議決権数の過半数を保有しており、かつ、筆頭株主であったこと

③ 【贈与税のみ】

贈与時に代表者を退任していること

3　資産保有型会社等とは、総資産に占める非事業用資産の割合が70％以上の資産保有型会社及び総収入金額に占める非事業用資産の運用収入の割合が75％以上の資産運用型会社をいいます。ただし、事業実体があるものとして一定の要件を満たす場合には資産保有型会社等に該当しないとされます。

㈦　後継者の主な要件

① 相続開始時又は贈与時において、後継者と後継者の親族等で総議決権数の過半数を保有し、かつこれらの者の中で筆頭株主であること

② 【相続税のみ】

相続の開始の直前において役員であり、相続の開始から5か月後に代表者であること

③ 【贈与税のみ】

贈与時に20歳以上の代表者であり、かつ、贈与の直前において3年以上連続して役員であること

(2)　特例措置

■ ア　意　義

特例措置とは、平成30年度の税制改正で創設された措置であり、特例承継計画を提出することにより、10年間の限定的な措置ではあるものの一般措置に比べ、納税猶予の対象となる非上場株式等の制限（総株式数の最大3分の2まで）の撤廃、納税猶予割合の引上げ（相続税についても80%から100%）等の点でより有利な措置となっているものです。

■ イ　要　件

基本的に一般措置と同様ですが、以下の点で異なってきます。

㈠　先代経営者の主な要件

一般措置の要件に加え、特例承継計画に記載された先代経営者であることが必要となります。

【特例承継計画の記載例】

様式第21

施行規則第17条第2項の規定による確認申請書
（特例承継計画）

●●●●年●月●日

●●県知事　　殿

郵 便 番 号　000-0000
会 社 所 在 地　●●県●●市…
会 　 社 　 名　中小鋳造株式会社
電 話 番 号　＊＊＊－＊＊＊－＊＊＊＊
代表者の氏名　中小　一郎　印

　中小企業における経営の承継の円滑化に関する法律施行規則第17条第1項第1号の確認を受けたいので、下記のとおり申請します。

記

1　会社について

主たる事業内容	銑鉄鋳物製造業
資本金額又は出資の総額	50,000,000円
常時使用する従業員の数	75人

2　特例代表者について

特例代表者の氏名	中小　太郎
代表権の有無	□有　☑無（退任日　平成29年3月1日）

3　特例後継者について

特例後継者の氏名（1）	中小　一郎
特例後継者の氏名（2）	
特例後継者の氏名（3）	

4　特例代表者が有する株式等を特例後継者が取得するまでの期間における経営の計画について

株式を承継する時期（予定）	平成30年10月
当該時期までの経営上の課題	➤工作機械向けパーツを中心に需要は好調だが、原材料の値上がりが続き、売上高営業利益率が低下している。 ➤また、人手不足問題は大きな課題であり、例年行っている高卒採用も応募が減ってきている。発注量に対して生産が追いつかなくなっており、従業員が残業をして対応している。今年からベトナム人研修生の受け入れを開始したが、まだ十分な戦力とはなっていない。
当該課題への対応	➤原材料値上がりに伴い、発注元との価格交渉を継続的に行っていく。合わせて、平成30年中に予定している設備の入れ替えによって、生産効率を上げコストダウンを図っていく。 ➤人材確保のため地元高校での説明会への参加回数を増やし、リクルート活動を積極的に行う。またベトナム人研修生のスキルアップのために、教育体制を見直すとともに、5Sの徹底を改めて行う。

5 特例後継者が株式等を承継した後5年間の経営計画

実施時期	具体的な実施内容
1年目	・設計部門を増強するとともに、導入を予定している新型CADを活用し、複雑な形状の製品開発を行えるようにすることで、製品提案力を強化し単価の向上を図る。 ・海外の安価な製品との競争を避けるため、BtoBの工業用品だけではなく、鋳物を活用したオリジナルブランド商品の開発（BtoC）に着手する。 ・生産力強化のため、新工場建設計画を策定。用地選定を開始する。
2年目	・新工場用の用地を決定、取引先、金融機関との調整を行う。 ・電気炉の入れ替えを行い、製造コストの低下を図る。 ・オリジナルブランド開発について一定の結論を出し、商品販売を開始する。
3年目	・新工場建設着工を目指す。 ・3年目を迎える技能実習生の受け入れについて総括を行い、人材採用の方向性について議論を行う。
4年目	・新工場運転開始を目指すとともに、人員配置を見直す。増員のための採用方法については要検討。 ・少数株主からの株式の買い取りを達成する。
5年目	・新工場稼働による効果と今後の方向性についてレビューを行う。

（備考）
① 用紙の大きさは、日本工業規格A4とする。
② 記名押印については、署名をする場合、押印を省略することができる。
③ 申請書の写し（別紙を含む）及び施行規則第17条第2項各号に掲げる書類を添付する。
④ 別紙については、中小企業等経営強化法に規定する認定経営革新等支援機関が記載する。

（記載要領）

① 「2　特例代表者」については、本申請を行う時における申請者の代表者（代表者であった者を含む。）を記載する。

② 「3　特例後継者」については、該当するものが一人又は二人の場合、後継者の氏名（2）の欄又は（3）の欄は空欄とする。

③ 「4　特例代表者が有する株式等を特例後継者が取得するまでの期間における経営の計画」については、株式等を特例後継者が取得した後に本申請を行う場合には、記載を省略することができる。

（別紙）

認定経営革新等支援機関による所見等

1 認定経営革新等支援機関の名称等

認定経営革新等支援機関の名称	●●商工会議所　印
（機関が法人の場合）代表者の氏名	中小企業相談所長　△△　△△
住所又は所在地	●●県●●市●ー●

2 指導・助言を行った年月日
　　平成30年6月4日

3 認定経営革新等支援機関による指導・助言の内容

大半の株式は先代経営者である会長が保有しているが、一部現経営者の母、伯父家族に分散しているため、贈与のみならず買い取りも行って、安定した経営権を確立することが必要。

原材料の値上げは収益力に影響を与えているため、業務フローの改善によりコストダウンを行うとともに、商品の納入先と価格交渉を継続的に行っていくことが必要。原材料価格の推移をまとめ、値上げが必要であることを説得力を持って要求する必要がある。

新工場建設については、取引先の増産に対応する必要があるか見極める必要あり。最終商品の需要を確認するとともに、投資計画の策定の支援を行っていく。

なお、税務面については顧問税理士と対応を相談しながら取り組みを進めていくことを確認した。

（出典）中小企業庁

(イ) 後継者の主な要件

一般措置の要件に加え、以下の要件が必要になります。

① 特例承継計画に記載された特例後継者であること

② 贈与時又は相続開始時において、後継者と同族関係者（親族等）で発行済議決権株式総数の過半数を保有し、かつ次の(i)又は(ii)を満たしていること

(i) 後継者が一人の場合、同族関係者の中で筆頭株主となること

(ii) 後継者が複数の場合、各後継者が10％以上の議決権を有し、かつ、各後継者がその同族関係者の中で最も多くの議決権を有していること

【一般措置と特例措置の比較表】

	一般措置	特例措置
事前の計画策定等	不要	5年以内の特例承継計画の提出（令和5年3月31日まで）
適用期限	なし	10年以内の贈与・相続等（令和9年12月31日まで）
対象株数	総株式数の最大3分の2まで	全株式
納税猶予割合	贈与：100％　相続：80％	いずれも100％
承継パターン	複数の株主から1人の後継者	複数の株主から最大3人の後継者
雇用確保要件	承継後5年間　平均8割の雇用維持が必要	弾力化（左記雇用維持要件を認定取消事由からは除外）
事業の継続が困難な事由が生じた場合の免除	なし	あり
相続時精算課税の適用	60歳以上の者から20歳以上の推定相続人（直系卑属）・孫への贈与	60歳以上の者から20歳以上の者への贈与

(3) 検　討

　事業承継税制の適用により、中小企業者にとって自社株式の移転の際に多大な負担となり得る贈与税・相続税の猶予・免除を受けることがで

きます。

　特に、上記比較表でも明らかなように、特例措置は、一般措置に比べ、対象株数、相続税の納税猶予割合、承継パターン、雇用確保要件、事業の継続が困難な事由が生じた場合の免除、相続時精算課税制度の適用拡大といった点で、より使いやすく有利な制度となっているため、今後積極的に活用されることが期待されます。

　ただし、あくまで10年間の特例措置であることと、5年の継続要件が必要であり、取り消されるときには利子が付いて税金が発生するという点に注意が必要です。特例措置を適用する際に税理士として注意すべき点につきましては、第9章で詳しく説明しておりますので、そちらをご参照ください。

3 金融支援

(1) 意　義

　二つ目の柱は、金融支援です。

　事業を承継する際には、相続などで分散した株式の買い取りや相続税の支払い等のために多額の資金が必要になることが多いでしょう。

　また、経営者の交代により従前の取引先が離れて売上が落ち込んだり、金融機関からの借入の際に条件を厳しくされたりする等により、資金繰りが悪化するおそれもあります。

　そこで、事業承継にあたり、金融機関等から融資を受けるための条件等が緩和されるという金融支援の制度が設けられています。

　具体的には、以下の2種類の特例が定められています。

①　中小企業信用保険法の特例として、同法による保険契約の限度額を拡大し、事業承継に必要な資金について、通常の信用保証協会の保証枠とは別枠で信用保証を行うことができます（経営承継円滑化法13条）。

②　株式会社日本政策金融公庫法等の特例として、日本政策金融公庫等から代表者個人への低利率での融資を受けることができます（経営承継円滑化法14条）。

(2) 要　件

　都道府県知事の認定を受けた中小企業者またはその代表者であることが必要です。

　認定を受けるためには、主に以下の要件を満たす必要があります。

①　非上場会社であること

②　以下のいずれかの事由に該当すること（経営承継円滑化法12条、

同規則6条)

i　会社またはその代表者が自社株式・事業用資産等を取得する必要があること

ii　代表者が、相続・贈与等により取得した自社株式、事業用資産等について多額の納税が見込まれること

iii　代表者が死亡または退任した後の3ヶ月間における売上高等が、前年同期の3ヶ月間に比べ80%以下に減少することが見込まれること

iv　仕入額の総額の20%以上の仕入額を占める仕入先から支払サイトを短縮される等取引条件を不利に変更されたこと

v　借入金額の総額の20%以上の借入金額を占める取引先金融機関からの借入れにおいて返済期間の短縮、貸付金利の上昇等取引に支障が生じていること

vi　先代経営者からの相続にあたり、後継者を含む相続人間で、遺産分割の代償や遺留分侵害額請求を受けたことに対応する金銭を支払う旨の和解等が成立したこと

vii　事業承継税制における贈与税・相続税の猶予・免除の適用条件を満たすこと

viii　その他、事業活動の継続に支障を生じさせること

(3)　検　　討

　金融支援によって、中小企業者は、金融機関からの資金調達が行いやすくなるといえます。その結果、親族外承継や個人事業主の事業承継を含め、幅広い資金ニーズに対応することができる点から、積極的に事業承継に活用されることが期待されます。

4 遺留分に関する民法の特例

(1) 意　　義

　民法では遺留分制度が定められています。

　遺留分制度とは、本来被相続人は自分の財産を自由に処分できるはずのところ、相続財産のうち一定割合について、一定の法定相続人に保障するための制度です。そのため、被相続人は、財産の処分について、一定の制限がされていることになります。

　ただし、遺留分制度が効果を発揮するのは、遺留分の権利を有する相続人が遺留分侵害額請求権を行使した場合に限られ、相続人がその権利を行使しないときは、遺留分制度はその効力を生じません。

　もっとも、相続で争いが生じるような場合には、遺留分侵害額請求権の非行使は期待できません。また、遺留分算定の基礎となる財産には、一定の条件のもと相続前に贈与された財産も含まれます。

　そのため、中小企業の経営者が事業を承継しようとして、事前に保有する自社株式を贈与しても、遺留分制度による制限を受け、中小企業の株式が分散したり、その所有権をめぐって紛争が生ずることがあり[4]、円滑な経営の承継の障害となっていました。

　そこで、経営承継円滑化法では、遺留分に関する民法の特例を定めるに至りました。

　具体的には、①後継者が先代経営者から贈与等により取得した株式等

4　相続法改正前においては、遺留分減殺請求権を行使すると、遺留分減殺請求権の行使者の遺留分を侵害する限度で遺贈等の効力が失効し、その限度で、遺贈等の目的財産についての権利が遺留分権利者に帰属していました（物権的効果）。

　相続法改正により、遺留分侵害額請求権になってからは、金銭の支払いという債権的効果を有するにとどまることとされました。もっとも、金銭的な支払のために、株式や不動産を売却せざるを得ないという状況に陥れば、円滑な経営の承継の障害となることに変わりはないでしょう。

111

の全部又は一部を遺留分算定の基礎財産から除外すること（除外合意）、②①の株式等の全部又は一部を遺留分算定の基礎財産に算入する際に合意の時点での評価額とすること(固定合意)、③①又は②の合意に加えて、後継者が先代経営者から贈与等により取得したそれ以外の財産や遺留分を有する他の共同相続人が先代経営者から贈与等により取得した財産についても遺留分算定の基礎財産から除外すること（オプション合意）という合意が可能になりました。

　以下では、このような遺留分に関する民法の特例が適用される要件を確認した上で、上記各合意が事業承継においてどのような役割を有しているのかを具体的にみていきます。

　なお、本章では、法人の事業承継を念頭において解説しています。この点、前述の事業承継税制における個人版事業承継税制の制定に伴い、従前法人の承継のみを想定していた遺留分に関する民法の特例においても、個人事業者へ適用の拡大がなされました。本稿では説明を省略しますが、個人事業者の承継の場合には、法人の承継の場合と当事者の要件が異なっており、また後述の固定合意は利用できない点に注意が必要です。

(2)　要　　件

　遺留分に関する民法の特例を適用し、除外合意等を行うためには、会社、先代経営者、後継者のそれぞれについて、以下の要件をみたすことが必要です。

■■ ア　会社の要件

　特例中小企業者であることが必要です。

　特例中小企業者とは、非上場の中小企業者のうち、一定期間以上継続して事業を行っているものとして経済産業省令で定める要件に該当する会社をいいます（経営承継円滑化法3条1項）。

【対象となる中小企業者の範囲】

	資本金	従業員数
製造業その他	3億円以下	又は 300人以下
卸売業	1億円以下	又は 100人以下
小売業	5,000万円以下	又は 50人以下
サービス業	5,000万円以下	又は 100人以下

※ ただし、製造業のうちゴム製品製造業については、従業員数900人以下。
　サービス業のうちソフトウェア・情報処理サービス業については、資本
　金3億円以下又は対象となる中小企業の従業員数300人以下、旅館業につ
　いては、従業員数200人以下であっても含まれます。

　また、ここでいう一定期間以上とは、「3年以上」とされています（同施行規則2条）。

　つまり、上記表のように業種ごとに規定された資本金の額又は従業員数以下の会社であって、3年以上継続して事業を行っている非上場企業であることが必要となります。

■ イ　先代経営者の要件

　過去又は合意の時点で上記特例中小企業の代表者であり、他の者に対して株式等の贈与をした者であることが必要です（経営承継円滑化法3条2項）。

　ただし、株式等の分散による会社経営の不安定化を防止するという法の趣旨に照らし、会社経営の意思決定に関与しない完全無議決権株式は株式等に含まれません。

■ ウ　後継者の要件

　合意の時点で特例中小企業の代表者であり、先代経営者からの贈与等により株式等を取得したことにより、当該会社の総株主又は総社員の議決権の過半数を有している者であることが必要です（経営承継円滑化法3条3項）。

なお、ここでいう総株主には、完全無議決権株式のみを有する株主は
含まれません。

⑶　手　　続

　除外合意も固定合意も、ともに先代経営者から後継者への株式等の贈
与時に後継者を含めた推定相続人全員で書面により合意する必要があり
ます（経営承継円滑化法4条1項本文）。

　その後1か月以内に経済産業大臣に確認の申請を行い（経営承継円滑
化法7条3項）、その確認を受けた日から1か月以内に家庭裁判所に許可
の申立てを行い、家庭裁判所の許可を受けることによって効力が生じま
す（経営承継円滑化法8条1項）。

⑷　具体的な活用方法

■ ア　除外合意

㋐　意　　義

　除外合意によって除外された株式等の財産は遺留分算定の基礎財産か
ら除外されます（経営承継円滑化法9条1項）。

　そのため、後継者が先代経営者から贈与等によって取得した自社株式
について、他の相続人は遺留分の主張ができなくなるため、相続紛争の
リスクを事前に抑えつつ、後継者に対して集中的に株式を承継させるこ
とができます。

㋑　具　体　例

　現経営者甲に、相続人として子A（後継者）、子B（非後継者）及び
子C（非後継者）がおり、甲が3,000万円の不動産及び自社株式3,000
万円を有していたという事例を念頭に具体的な内容について検討して
みます。

　この場合、甲がAに自社株式を贈与し、その後10年以内に死亡した
場合[5]、遺留分算定基礎財産は、不動産3,000万円＋価格が上昇した自

社株式1億2,000万円の合計1億5,000万円となり、B及びCの遺留分は1億5,000万円の各6分の1（2,500万円）となり、その合計額（5,000万円）が不動産価格を上回るため、Aは、B及びCから遺留分侵害額請求権を行使されるおそれが生じます。

これに対し、甲が生前に自社株式について除外合意をしていた場合、自社株式は遺留分算定の基礎財産から除外されるため、基礎財産は不動産の3,000万円のみとなります。

そして、B及びCの遺留分は、3,000万円の各6分の1となり、各500万円となりますので、遺留分侵害も生じません。

【イメージ図】

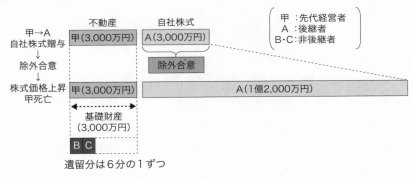

（出典）中小企業庁「事業承継ガイドライン」51頁

(ウ) 注意点

除外合意には、推定相続人も含めた当事者全員の合意が必要であることから、まずは当事者の意思を尊重することが重要であるといえます。

この点、後継者の利益を重視するあまり、非後継者の利益を害するような内容では除外合意の成立は難しいでしょう。そこで、非後継者に対して、除外合意の代償として他の財産を贈与する等の何らかの措置を取ることが考えられます。その場合、当事者間の合意の全体を明らかにす

---

5 後継者が推定相続人の場合、原則として相続開始前10年以内の贈与は特別受益として遺留分算定の基礎財産となります（民法1044条1項3項）。

ることが望ましいことから、そのような措置を取った場合には書面化することが要求されている点に注意が必要です（経営承継円滑化法6条）。また、代償となる財産を遺留分算定の基礎財産から除外する旨のオプション合意を検討することも考えられます。

　また、除外合意をした後、万が一後継者が除外合意の対象とした株式等を処分したり、代表者を退任した場合も問題となります。このような場合、除外合意は実効性のないものとなってしまいます。もっとも、除外合意の効力が当然に消滅することになるとすると、株式等の価値が下落した場合に、後継者の独断で除外合意を消滅させることができることになり、当事者間の衡平上問題が生じます。

　そこで、除外合意の際には、後継者が株式等を処分した場合などに非後継者がとることができる措置[6]を定めることが必要とされている点に注意が必要です（経営承継円滑化法4条4項）。

　他にも、除外合意の効力は、以下の事由が生じたときに効力を失う点にも注意が必要です（経営承継円滑化法10条）。

・経済産業大臣の確認が取り消されたとき
・旧代表者の生存中に後継者が死亡し、又は後見開始若しくは保佐開始の審判を受けたとき
・合意の当事者以外の者が新たに旧代表者の推定相続人となったこと
・合意の当事者の代襲者が旧代表者の養子となったこと

　上記は、経営承継円滑化法に規定されている消滅事由ですが、除外合意は意思表示であることから、錯誤による無効等民法の意思表示に関する規定の適用によって効力を失うこともあります。また、当事者全員の合意によって解除した場合も効力を失います。

　なお、除外合意と後述の固定合意は併用も可能です。

6　除外合意の解除や、後継者に対し一定の金銭の支払いを求めることが考えられる。

■ イ　固定合意

㋐ 意　義

　固定合意によって、遺留分の基礎に加えられる株式等の価額は、合意した価額となります（経営承継円滑化法9条2項）。

　そのため、自社株式の価額が上昇しても遺留分の額に影響しないことから、後継者の経営努力により株式価値が増加したという場合、後継者はその増加させた分を確保することができます。

㋑ 具体例

　先ほどの除外合意の事例と同様に、現経営者甲に、相続人として子A（後継者）、子B（非後継者）及び子C（非後継者）がおり、甲が3,000万円の不動産及び自社株式3,000万円を有していたという事例をもとに検討してみます。

　甲がAに自社株式を贈与し、その後10年以内に死亡したところ、死亡時には自社株式の価値が1億2,000万円に増加していた場合、前述のように、Aは、B及びCから遺留分侵害額請求権を行使されるおそれが生じます。

　これに対し、甲が生前に自社株式について3,000万円で固定合意をしていた場合、遺留分算定の基礎財産としては、評価が固定された自社株式3,000万円と不動産3,000万円の合計6,000万円となります。

　そして、B及びCの遺留分は、6,000万円の各6分の1となり、各1,000万円となりますので、遺留分侵害は生じず、他方Aは自らの努力により株式の価値を増加させた分を確保できることになります。

【イメージ図】

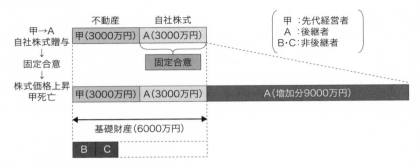

（出典）中小企業庁「事業承継ガイドライン」51頁

(ウ) 注 意 点

　固定合意においても、除外合意と同様に当事者全員の合意や非後継者への配慮が必要である点、消滅事由が存在する点で注意が必要です。

　また、固定合意特有の注意点として、固定する価額を、弁護士、弁護士法人、公認会計士、監査法人、税理士または税理士法人が、そのときにおける相当な価額であることを証明しなければなりません（経営承継円滑化法4条1項2号）。

　さらに、固定合意において、もっとも注意が必要な点として、一旦固定した以上、固定した株式の価額が下落した場合であっても、固定時の価額が基礎財産になるという点があげられます。

　例えば、前述の具体例のように、自社株式を3,000万円で固定合意し、その後価値が高まれば問題ないのですが、もし業績悪化等により株価が下落し1,000万円に下がったというような場合に問題が生じます。この場合、3,000万円で固定合意している以上、遺留分の基礎財産も自社株式3,000万円と算定されることになります。その結果、固定合意をしない場合に比べ後継者以外の相続人の遺留分も大きくなるため、後継者の負担がかえって大きくなってしまいます。

　そのため、固定合意をする場合には、会社の業績に関する将来予測を踏まえた慎重な検討が必要です。

■ ウ オプション合意

㋐ 意　義

オプション合意によって、株式等の後継者としては株式以外の事業に必要な資産についても価額を除外合意することができ、より円滑な承継に資するといえます。

また、非後継者への代償金として、資産の贈与がなされた場合に当該資産を除外合意することによって、非後継者へのケアも図ることができます。

㋑ 具体例

前述の除外合意の例において、現経営者が他にも預金や複数の不動産を持っていたという場合に、後継者へ贈与する事業に必要な不動産を除外合意すると共に、非後継者に代償金として支払う金銭も除外することによって非後継者にも配慮するという例が考えられます。

㋒ 注意点

除外合意や固定合意と同様に当事者全員の合意や非後継者への配慮が必要な点、消滅事由の存在に加え、オプション合意は除外合意又は固定合意に付加してなされるものであり、オプション合意のみを単独で合意することができない点に注意が必要です。

■ エ　合意書例

以上の各合意を定めた合意書例としては以下のような内容が考えられます。

遺留分に関する民法特例に係る合意書

合意書[i]

　　○○社の旧代表者○○○○（以下「甲」という）の遺留分を有する推定相続人（子）である○○○○（以下「A」という）、（子）○○○○（以下「B」という）、及び（子）○○○○（以下「C」という）は、中小企業における経営の承継の円滑化に関する法律（以下、「法」という）に基づき、以下のとおり合意する。

第1条（目的）　本合意は、Aが甲からの贈与により取得した○○社の株式につき遺留分の算定に係る合意等をすることにより、○○社の経営の承継の円滑化を図ることを目的 とする。

第2条（確認）　A、B及びCは、次の各事項を相互に確認する。[ii]

一　甲が○○社の代表取締役であったこと

二　A、B及びCがいずれも甲の推定相続人であり、かつ、これらの者以外に甲の推定相続人が存在しないこと

三　Aが、現在、○○社の総株主（ただし、株主総会において決議することができる事項の全部につき議決権を行使することができない株主を除く。）の議決権○○個の過半数である○○個を保有していること。

四　Aが、現在、○○社の代表取締役であること。

第3条（除外合意、固定合意）　A、B及びCは、Aが甲から令和○年○月○日付贈与により取得した○○社の株式○○株について、次のとおり合意する。

一　上記○○株のうち××株について、甲を被相続人とする相続に際し、その価額を遺留分を算定するための財産の価額に算入しない。

二　上記○○株のうち□□株について、甲を被相続人とする相続に際し、遺留分を算定するための財産の価額に算入すべき価額は○○円（1株あたり○○円。税理士○○が相当な価額として証明をしたもの。）とする。

第4条（株式等以外の財産に関する合意）[iii]　A、B及びCは、Aが甲から令和○年○月○日付贈与により取得した○○について、甲を被相続人とする相続に際し、その価額を 遺留分を算定するための財産の価額に算入しないことを合意する。

第5条（衡平を図るための措置）[iv]　A、B及びCは、甲の推定相続人間の衡平を図るための措置として、次の贈与の全部について、甲を被相続人とする相続に際し、その価額を遺留分を算定するための財産の価額に算入しないことを合意する。

　一　Bが甲から令和○年○月○日付贈与により取得した別紙物件目録記載の土地

　二　Cが甲から令和○年○月○日付贈与により取得した現金○○万円

第6条（後継者以外の推定相続人がとることができる措置）　Aが第3条の合意の対象とした株式を処分したときは、B及びCは、Aに対し、それぞれ、Aが処分した株式数に○○万円を乗じて得た金額を請求できるものとする。

2　Aが甲の生存中に○○社の代表取締役を退任したときは、B及びCは、Aに対し、それぞれ○○万円を請求できるものとする。

3　前2項のいずれかに該当したときは、B及びCは、共同して、本合意を解除することができる。

4　前項の規定による解除は、第1項又は第2項の金員の請求を妨げない。

第7条（経済産業大臣の確認）　Aは、本合意の成立後1ヵ月以内に、法第7条所定の経済産業大臣の確認の申請をするものとする[v]。

2　B及びCは、前項の確認申請手続に必要な書類の収集、提出等、Aの同確認申請手続に協力するものとする。

第8条（家庭裁判所の許可）　Aは、前条の経済産業大臣の確認を受けたときは、当該確認を受けた日から1ヵ月以内に、第3条ないし6条の合意につき、管轄家庭裁判所に対し、法第8条所定の許可審判の申立てをするものとする。

2　B及びCは、前項の許可審判申立手続に必要な書類の収集、提出等、Aの同許可審判手続に協力するものとする。

第9条（管轄合意） 甲、A、B及びCは、本契約に関して紛争が生じた場合には、Aの住所地を管轄する○○地方裁判所を第一審の専属的合意管轄裁判所とすることを合意する。

　以上の合意成立の証として、本合意書4通を作成し、甲 ABC 各1通を保有するものとする。

令和○年○月○日

甲
　　住所
　　　　　氏名　　　　　　　　　　㊞
A
　　住所
　　　　　氏名　　　　　　　　　　㊞
B
　　住所
　　　　　氏名　　　　　　　　　　㊞
C
　　住所
　　　　　氏名　　　　　　　　　　㊞

---

i　本合意書は、特例中小企業者である会社の旧代表者とその推定相続人との間で、旧代表者がその後継者に贈与した同社の株式に関し、除外合意、固定合意、オプション合意をするものです。

ii　先代経営者及び後継者の要件をみたしていることの確認です。

iii　同条は後継者に関し、株式以外の財産についてオプション合意の一環としての除外合意を定めたものです。

iv　後継者以外の推定相続人に対する旧代表者の贈与財産についてオプション合意の一環として、除外合意を定めたものです。

v　経済産業大臣への申請、家庭裁判所への申立てについては、懈怠約款を設けることも考えられます。

第5章

経営者保証ガイドライン
の活用

1 経営者保証ガイドラインの概要

(1) 目的、位置づけ

　中小企業・小規模事業者（以下「中小企業」といいます。）の経営者による個人保証（以下「経営者保証」といいます。）には、資金調達の円滑化に寄与する面があります。

　他方、経営者保証があることによって経営者が思い切った事業展開を行うことができないといった弊害や、経営が窮境に陥ったものの個人保証があるために事業再生や個人破産に踏み切れないなど早期の事業再生を阻害するといった弊害があり、経営者保証については、保証契約時および保証債務の整理時等において様々な課題があります。

　そこで、経営者保証の課題に対する解決策の方向性を取りまとめた「経営者保証に関するガイドライン」（以下「本ガイドライン」といいます。）の適用が平成26年2月1日から開始しています。

　本ガイドラインは、経営者保証について合理性が認められる保証契約のあり方や主債務の整理局面における保証債務の整理を公正かつ迅速に行うための準則などを示すことにより、経営者保証の弊害を解消して、各ライフステージにおける中小企業の取組意欲の増進を図り、ひいては中小企業金融実務の円滑化を通じて中小企業の活力が一層引き出され、日本経済が活性化されることを目指しています。

　本ガイドラインには、法的拘束力はないものの、中小企業、経営者、金融機関共通の自主的なルールとして位置づけられており、関係者が自発的に尊重し、順守することが期待されています。

　本ガイドラインの活用場面は、①新規融資、②既存融資における経営者保証の見直し、③保証債務の整理の3つの場面です。

⑵　ガイドラインの適用対象となり得る保証契約

　本ガイドラインが適用されるためには、対象となる保証契約が以下の
要件を満たしていることが必要です。

---

① 　主債務者が中小企業であること

② 　保証人が個人であり、主債務者である中小企業の経営者等であるこ
と

③ 　主債務者である中小企業と保証人である経営者等の双方が、弁済に
誠実で、対象債権者の請求に応じて負債の状況を含む財産状況等を適
時適切に開示していること

④ 　主債務者と保証人が反社会的勢力ではなく、そのおそれもないこと

---

　①の対象となる中小企業については、必ずしも中小企業基本法に定め
る中小企業者・小規模事業者に該当する法人に限定されておらず、その
範囲を超える企業等も対象になり得ます。また、個人事業主も対象に含
まれます。

　②の対象となる経営者等については、基本的には中小企業の代表者を
指しますが、実質的な経営権を有している者、営業許可名義人、経営者
と共に事業に従事する経営者の配偶者、及び経営者の健康上の理由のた
め保証人となる事業承継予定者も含むとされています。

　③の財産状況等の適時適切な開示については、*1*⑶**ア**で説明します。
なお、債務不履行や財産状況等の不正確な開示があったことをもって直
ちに本ガイドラインの適用が否定されるものではなく、債務不履行や財
産の状況等の不正確な開示の金額及びその態様、私的流用の有無等を踏
まえた動機の悪質性といった点を総合的に勘案して本ガイドラインの適
用の可否は判断されます。

　④の主債務者と保証人が反社会的勢力ではなく、そのおそれもないこ
とについては、主債務者である中小企業や保証人である経営者等から提

出される弁済計画や必要書類の記載内容、対象債権者である金融機関等において保有している情報をもとに総合的に判断されます。

⑶　活用場面その1（新規融資）

■ ア　中小企業に求められる経営状況

　本ガイドラインにおいては、経営者保証に依存しない融資の一層の促進を定めていますが、経営者保証なしでの融資等を希望する中小企業には、以下の経営状況であることが求められます。

---

① 　法人と経営者との関係の明確な区分・分離

② 　財務基盤の強化

③ 　財務状況の正確な把握、適時適切な情報開示等による経営の透明性確保

---

①　法人と経営者との関係の明確な区分・分離については、法人の業務、経理、資産所有等に関し、法人と経営者の関係を明確に区分・分離し、法人と経営者の間の資金のやりとり（役員報酬・賞与、配当、オーナーへの貸付等をいいます。以下同じ。）を、社会通念上適切な範囲を超えないものとする体制を整備するなど、適切な運用を図ることを通じて、法人個人の一体性の解消に努めることが求められます。また、そのような整備・運用の状況について、外部専門家（公認会計士、税理士等をいいます。以下同じ。）による検証を実施し、その結果を対象債権者に適切に開示することが望ましいとされています。

　　資産の分離については、法人の事業活動に必要な本社・工場・営業車等の資産を経営者の個人所有ではなく、法人所有とすることが望ましいとされています。なお、経営者が所有する法人の事業に供されている資産が法人の資金調達のために担保に供されており処分が制限されている場合や、自宅が店舗を兼ねているなど明確な分離が困難な場合には、法人が経営者に適切な賃料を支払うことで実質

的に法人と個人が分離しているといえます。

　経理・家計の分離については、事業上の必要性が認められない法人から経営者への貸付を行わない、個人として消費した費用（飲食代）について法人の経費処理としないとすることなどが必要です。

　法人と経営者の間の資金のやりとりにおける「社会通念上適切な範囲」は、法人の規模、事業内容、収益力等によって異なってくるため、必要に応じて外部専門家による検証結果等を踏まえて、債権者が個別に判断します。

② 　財務基盤の強化については、経営者保証がなくても法人のみの資産・収益力で借入返済が可能と判断しうる財務状況のことをいい、例えば以下のような場合です。

　・業績が堅調で十分な利益（キャッシュフロー）を確保しており、内部留保も十分であること

　・業績はやや不安定ではあるものの、業況の下振れリスクを勘案しても、内部留保が潤沢で借入金全額の返済が可能と判断し得ること

　・内部留保は潤沢とは言えないものの、好業績が続いており、今後も借入を順調に返済し得るだけの利益（キャッシュフロー）を確保する可能性が高いこと

③ 　財務状況の正確な把握、適時適切な情報開示等による経営の透明性確保については、金融機関等による資産負債の状況（経営者のものを含む。）、事業計画や業績見通し及びその進捗状況等に関する情報開示の要請に対して、主債務者である中小企業が貸借対照表、損益計算書の提出にとどまらず、これら決算書上の各勘定明細（資産・負債明細、売上原価・販管費明細等）の提出や年に1回の本決算の報告のみでなく、試算表・資金繰り表等の定期的な報告など、正確かつ丁寧に信頼性の高い情報を開示・説明することにより、経営の

透明性を確保することが必要になります。

情報の開示説明にあたっては、外部専門家による情報の検証を行い、その検証結果と併せた開示が望ましいとされています。

■ イ　金融機関等による経営者保証なしでの融資等の検討

中小企業が上記経営状況である場合には、対象債権者である金融機関等には経営者保証を求めない融資や経営者保証の機能を代替する融資手法の活用を検討することが求められます。

経営者保証の機能を代替する融資手法としては、停止条件又は解除条件付保証契約[7]、ABL[8]、金利の一定の上乗せ等の方法があります。

■ ウ　金融機関等が経営者保証を求める場合

経営者保証を求めることがやむを得ないと判断され、金融機関等が中小企業と経営者保証を締結する場合には、金融機関等は、以下の対応に努めることが求められます。

> ①　経営者保証の必要性や解除のためにどのような改善が必要かなどを説明
> ②　適切な保証金額の設定

①　経営者保証の必要性等の説明について、経営者保証を求める金融機関等は、保証契約を締結する際に中小企業及びその経営者に対して、保証契約の必要性や経営者保証の必要性が解消された場合には、

7　停止条件付保証契約とは主たる債務者が特約条項（コベナンツ）に抵触しない限り保証債務の効力が発生しない保証契約をいいます。解除条件付保証契約とは主たる債務者が特約条項（コベナンツ）を充足する場合は保証債務が効力を失う保証契約をいいます。停止条件又は解除条件付保証契約の特約条項（コベナンツ）の主な内容は、①役員や株主の変更等の対象債権者への報告義務、②試算表等の財務状況に関する書類の対象債権者への提出義務、③担保の提供等の行為を行う際に対象債権者の承諾を必要とする制限条項、④外部を含めた監査体制の確立等による社内管理体制の報告業務等です。

8　企業が保有する在庫や売掛金等を担保とする融資手法をいいます。

保証契約の変更・解除等の見直しの可能性があることを説明することが求められます。

　例えば、中小企業に求められる経営状況のうちどの要件が不足しているために保証契約が必要なのか、どのような改善を図れば保証契約の変更・解除の可能性が高まるのかを説明します。

　そして、法人と経営者との関係の明確な区分・分離や財政基盤の強化に問題がある場合には、その解消に向けて中小企業がとるべき対応等を助言することが求められます。特に、法人の資産・収益力については、可能な限り定量的な目線を示すことが望ましいとされています。また、適時適切な情報開示等による経営の透明性確保について問題がある場合には、金融機関等が必要とする情報の種類、情報提供の頻度を示す必要があります。

　さらに、金融機関等は、経営者保証の必要性等と併せて、原則として、保証履行時の履行請求は、一律に保証金額全額に対して行うものではなく、保証履行時の保証人の資産状況等を勘案した上で、履行の範囲が定められることを説明する必要があります。

② 　適切な保証金額の設定について、金融機関等は、形式的に保証金額を融資額と同額とはせず、保証人の資産及び収入の状況、融資額、主たる債務者の信用状況、物的担保等の設定状況、主たる債務者及び保証人の適時適切な情報開示姿勢等を総合的に勘案して設定することが求められます。

　例えば、物的担保等の経営者保証以外の手段が用いられている場合には、経営者保証の範囲を当該手段による保全の確実性が認められない部分に限定するなど、適切な保証金額の設定にすることが考えられます。

　また、経営者保証を必要とする場合、保証契約には、金融機関等による保証債務の履行請求額は、期限の利益を喪失した日等の一定

129

の基準日における保証人の資産の範囲内とし、基準日以降に発生する保証人の収入を含まないとするなど保証債務の整理における適切な対応を誠実に実施する旨を規定することが求められます。

■ エ　商工中金によるガイドラインの徹底

商工中金は、令和2年1月より、本ガイドラインを徹底し、年間約3万件の融資について、一定の条件を満たす企業に対する融資を原則無保証とする運用を開始しました。これにより2018年度において35%であった新規融資に占める経営者保証に依存しない融資の割合が大幅に増加することが見込まれます。

(4)　活用場面その2（既存融資における保証契約の見直し）

■ ア　中小企業に求められる経営状況

中小企業が既存融資における経営者保証の解除を希望する場合には、経営者保証なしでの融資等を希望する際に求められる経営状況（1(3)ア①ないし③）と同様の経営状況を将来にわたって維持することが求められます。

■ イ　保証契約の解除等

中小企業から既存の保証契約の解除等の申入れがあった場合や既存の保証契約の変更等の申入れがあった場合、金融機関等は、申入れの内容に応じて経営者保証なしでの融資の場合又はやむを得ず経営者保証を求める場合に即して、改めて経営者保証の必要性や適切な保証金額等について、真摯かつ柔軟に検討を行うとともに、その検討結果について主たる債務者及び保証人に対して丁寧かつ具体的に説明することが求められます。

(5)　活用場面その3（保証債務の整理）

■ ア　ガイドラインに基づく保証債務の整理の対象となり得る保証人

本ガイドラインによる保証債務の整理は、中小企業が事業継続を図る

場合、廃業等により清算を行う場合のいずれの場合にも利用することができます。

本ガイドラインによる保証債務の整理を行うことで、一定期間の生活費や華美でない自宅を残したり、保証債務の免除、経営者が引き続き経営に携わることが可能となる場合があります。

経営者保証をしている中小企業の経営者が本ガイドラインに基づく保証債務の整理を求める場合には、以下の全ての要件を満たすことが必要です。

① 法人の法的整理手続[9]又は準則型私的整理手続[10]の申立てを本ガイドラインの利用と同時に行うか、右手続が係属し、若しくは既に終結していること

② 金融機関等において、法人の債務及び保証債務の破産手続による配当よりも多くの回収を得られる見込みがあるなど、経済的な合理性が期待できること

③ 破産法第252条第1項（第10号を除く。）に規定される免責不許可事由が生じておらず、そのおそれもないこと

■ イ　保証債務の整理を図る場面におけるガイドラインの活用

経営者が保証債務の整理を行う場合、保証債務について一時停止（返済猶予）の要請を行った上、弁済計画を策定します。

保証債務の一時停止（返済猶予）の要請が本ガイドラインの要件を満たす場合、金融機関等はこれに誠実かつ柔軟に対応するように努めなければならないとされています。

また、経営者が早期の事業再生や清算の着手の決断を行い、債権者である金融機関にとって一定の経済的合理性が認められる場合には、一定

9　破産手続、民事再生手続、会社更生手続若しくは特別清算手続
10　中小企業再生支援協議会による再生支援スキーム、事業再生ADR、私的整理ガイドライン、特定調停等

の期間の生計費に相当する額や華美でない自宅を残存資産に含めた弁済計画が認められます。

　さらに、保証人による情報開示の正確性の表明保証等の要件充足を前提に、保証債務の一部履行後、残存する保証債務は免除されます。

　経営者の経営責任については、債権者である金融機関からみて一定の経済合理性が認められる場合には、経営者が引き続き経営に携わることが許容されます。この場合の経営責任は、保証債務の全部又は一部の履行、役員報酬の減額、株主権の全部又は一部の放棄、代表者からの退任等により明確化を図ることになります。

2　事業承継時における経営者保証ガイドラインの活用

(1)　事業承継に焦点を当てた「経営者保証ガイドライン」の特則

ア　特則策定の経緯

　経営者保証ガイドラインの適用開始以降、新規融資に占める無保証融資等の割合の上昇、事業承継時に前経営者、後継者の双方から二重に保証を求める（以下「二重徴求」といいます。）割合の低下など、経営者保証に依存しない融資の拡大に向けて取組みが進んできています。

　しかしながら、2019年版中小企業白書によると、旧経営者が経営者保証を行っている場合において、事業承継の際に新経営者（後継者）が保証人となるケースは、平成30年度においても6割弱（うち2割弱が二重徴求）にのぼり、後継者候補が事業承継を拒否する理由の6割は個人保証が挙げられています。

　そこで、経営者保証が事業承継の阻害要因とならないよう、原則として前経営者、後継者の双方からの二重徴求を行わないことなどを盛り込んだ「事業承継時に焦点を当てた『経営保証に関するガイドライン』の特則（以下「本特則」といいます。)」の適用が令和2年4月1日から開始されています。

　本特則は、経営者保証ガイドラインを補完するものとして、中小企業、経営者及び金融機関等のそれぞれに対して、事業承継に際して求め、期待される具体的な取扱いを定めたものです。

イ　中小企業に求められる経営状況

　中小企業が事業承継を行う際に本特則の適用を希望する場合には、経営者保証なしでの融資等を希望する際に求められる経営状況（1⑶ア①〜③）と同様の経営状況にあることが求められますが、事業承継時に留

意すべき点について補足します。

㋐　法人と経営者との関係の明確な区分・分離

　現経営者は、代表者交代のタイミングに先立ち、あるいは事業承継計画や事業承継前後の事業計画を策定・実行する中で、法人と経営者との関係の明確な区分・分離を確認した上で、その結果を後継者や金融機関等と共有し、必要に応じて改善に努めることが必要になります。

㋑　財務基盤の強化

　事業承継計画や事業計画を策定する際に、現経営者と後継者が債権者である金融機関等とも対話しつつ、将来の財務基盤の強化に向けた具体的な取組みや目標を検討し、計画に盛り込むことで、金融機関等とも認識を共有することが大切です。

㋒　財務状況の正確な把握・随時適切な情報開示等による経営の透明性確保

　適時適切な情報開示等については、まず現経営者と後継者との間で自社の財務状況、事業計画、業績見通し等について認識を共有し、債権者である金融機関等との間では、望ましい情報開示の内容・頻度について認識を共有するとともに、事業承継計画等について、金融機関等からの情報開示の要請に対して正確かつ丁寧に信頼性の高い情報を可能な限り早期に開示・説明することが大切です。また、金融機関等が適切なタイミングで経営者保証の解除を検討できるように、株式の移転や、経営権・支配権の移転等が行われた場合は、速やかに報告することが大切です。

■　ウ　新旧経営者からの二重徴求の原則禁止

　本特則を活用できれば、以下のような例外的な場合を除き、事業承継にあたり金融機関等が新旧経営者の双方から二重に保証を求めることが禁止されますので、二重徴求の負担を回避することができます。

　①　前経営者が死亡し、相続確定までの間、亡くなった前経営者の保証を解除せずに後継者から保証を求める場合など、事務手続完了後

に前経営者等の保証解除が予定されている中で、一時的に二重徴求
となる場合

② 前経営者が引退等により経営権・支配権を有しなくなり、後継者
に経営者保証を求めることが止むを得ないと判断された場合におい
て、法人から前経営者に対する多額の貸付金等の債権が残存してお
り、当該債権が返済されない場合に法人の債務返済能力を著しく毀
損するなど、前経営者に対する保証を解除することが著しく公平性
を欠くことを理由として、後継者が前経営者の保証を解除しないこ
とを求めている場合

③ 金融支援（主たる債務者にとって有利な条件変更を伴うもの）を
実施している先、又は元金等の返済が事実上延滞している先であっ
て、前経営者から後継者への多額の資産等の移転が行われている、
又は法人から前経営者と後継者の双方に対し多額の貸付金等の債権
が残存しているなどの特段の理由により、当初見込んでいた経営者
保証の効果が大きく損なわれるために、前経営者と後継者の双方か
ら保証を求めなければ、金融支援を継続することが困難となる場合

④ 前経営者、後継者の双方から、専ら自らの事情により保証提供の
申し出があり、二重徴求の取扱いを十分説明したものの、申し出の
意向が変わらない場合（自署・押印された書面の提出を受けるなど
により、対象債権者から要求されたものではないことが必要）

なお、金融機関が、例外的に二重に保証を求める場合には、その理由
や保証が提供されない場合の融資条件等について、前経営者、後継者双
方に十分説明し、理解を得ることが必要になります。

■ エ　後継者による経営者保証

後継者に対して経営者保証を求めることは事業承継の阻害要因となり
得ることから、本特則では、金融機関等は、後継者との保証契約の締結
について慎重に判断することが求められていますので、本特則を活用す

ることで新経営者が経営者保証を提供することなく事業承継を進められる場合があります。

　後継者との間で保証契約を締結するか否かは、事業承継計画や事業計画の内容・成長可能性、代替的融資方法の有無、外部専門家による支援を受けて本ガイドラインの要件充足のための改善に取り組んでいる場合にはその実現の見通し、及び「経営者保証コーディネーター」による確認を受けた中小企業については、その確認結果などを踏まえて判断されます。

■ オ　前経営者との保証契約の見直し

　本特則では、前経営者が、会社の経営権・支配権を持たずに第三者となる場合には、金融機関等は前経営者との保証契約の見直すことが求められていますので、本特則を活用することで事業承継によって経営権・支配権を持たなくなる前経営者は、保証契約の解除が認められる可能性があります。

　前経営者との間で引き続き保証契約を継続するか否かは、前経営者の株式保有状況（議決権の過半数を保有しているか等）、代表権の有無、実質的な経営権・支配権の有無、既存債権の保全状況、法人の資産・収益力による借入返済能力等を勘案して判断されます。

　前経営者に対して引き続き保証契約を求める場合には、その理由を具体的に説明し、前経営者の経営関与の状況等、個別の背景等を考慮し、一定期間ごと又はその背景等に応じた必要なタイミングで、保証契約の見直しを行うこととされていますので、事業承継時には経営権・支配権を有していたものの、その後、経営権・支配権を有しなくなった場合には、経営者保証の解除が認められる可能性があります。

■ カ　債務者への説明内容及び内部規程等による手続の整備

　金融機関等が保証を求める場合には、1(3)**ウ**と同様に経営者保証を変

更・解除の可能性を高めるには、どのような改善を図ることが必要か等
を説明する必要があります。

　また、金融機関等は、本特則に沿った対応ができるよう、社内規程や
マニュアル等を整備し、職員に対して周知することとされています。

(2)　事業承継特別保証制度の創設

　金融機関による事業承継時の経営者保証の解除を後押しするために、
一定の要件を満たす企業について経営者保証を解除することを前提に、
新たな信用保証制度（事業承継特別保証制度）の運用が令和2年4月よ
り開始しています。

　この制度を利用することができれば、新・旧経営者双方の経営者保証
なしに事業を引き継ぐことが可能になります。

　事業承継特別保証制度の概要は次のとおりです。

申込人資格要件	次の(1)かつ(2)に該当する中小企業者
	(1) 3年以内に事業承継（=代表者交代等）を予定する事業承継計画を有する法人又は令和2年1月1日から令和7年3月31日までに事業承継を実施した法人であって、承継日から3年を経過していないもの
	(2) 次の①から④の全ての要件を満たすこと
	  ① 資産超過であること
	  ② 返済緩和中ではないこと
	  ③ EBITDA有利子負債倍率（（借入金・社債－現預金）÷（営業利益＋減価償却費））10倍以内
	  ④ 法人と経営者の分離がなされていること

申込方法	与信取引のある金融機関経由に限る
保証限度額等	2.8億円（うち無担保8,000万円） 責任共有制度（8割保証）の対象
保証期間	一括返済の場合1年以内 分割返済の場合10年（据置期間は1年以内）
対象資金	事業承継時までに必要な事業資金 既存のプロパー借入金（保証人あり）の本制度による借り換えも可能（ただし、令和2年1月1日から令和7年3月31日までに事業承継を実施した法人に対しては、事業承継前の借入金に係る借換資金に限る）
保証料率	0.45%～1.90%（経営者保証コーディネーターによる確認を受けた場合、0.20%～1.15%に軽減）
添付資料	① 事業承継計画書（信用保証協会所定の書式） ② 財務要件等確認書 ③ 借換債務等確認書（既住借入金を借り換えする場合） ④ 他行借換依頼書兼確認書（既住借入金を借り換える場合で、申込金融機関以外からの借入金を含む場合） ⑤ 事業承継時判断材料チェックシート（経営者保証コーディネーターによる確認を受け、0.20～1.15%の信用保証料率等の適用を受ける場合）

【事業承継計画書】

年　　月　　日

事業承継計画書

住　　所

法 人 名

代表者名　　　　　　　　　　　　印

1. 事業承継の概要 ※

	氏　名	年　齢	事業承継（予定）日
被承継者	印		年　　月　　日
	氏　名	年　齢	被承継者との関係
承継者	印		
事業承継理由			

承継者の経歴（これから事業承継を予定している場合のみご記入ください。）

株主構成の推移

事業承継前	株主氏名	被承継者との関係	持株数	事業承継後（予定含）	株主氏名	被承継者との関係	持株数
			株				株
			株				株
			株				株
			株				株
	合計		株		合計		株

円滑な事業承継に向けた準備（これから事業承継を予定している場合のみご記入ください。）

（内外の関係者との調整、承継者の教育、その他事業承継に係る課題及び解決策等）

※事業承継済みの場合は、次のとおりご記入ください。
(1)「被承継者」及び「承継者」欄への押印は不要です。(2)「事業承継（予定）日」とは、登記事項証明書における代表者への就任日です。

2. 収支計画

（単位：千円）

	前期実績	今期見込	計画1期目	計画2期目	計画3期目	計画4期目
	（　年　　月期）	（　年　　月期）	（　年　　月期）	（　年　　月期）	（　年　　月期）	（　年　　月期）
売上高						
経常利益						

私は、今後も、金融機関等の求めに応じ、財務状況と経営状況等の報告を適時適切に行うことを確約します。

信用保証協会へお申し込みされる場合は、以下もご記入ください。

3. 事業承継特別保証制度の申込人資格要件の確認

申込人資格要件（いずれかに〇）	【事業承継予定】(1)3年以内に事業承継を予定している。	
	【事業承継済み】(2)事業承継日から3年を経過していない。	

※上記以外に一定の財務要件等を満たしている必要があります。
※【事業承継済み】の場合は、事業承継日が令和2年1月1日から令和7年3月31日の期間内である必要があります。

（信用保証協会へは、本計画書の原本を提出してください。）

（佐賀県信用保証協会ホームページ）

【財務要件等確認書】

【事業承継特別保証制度用】

年　　　月　　　日

信用保証協会　御中

財務要件等確認書

金融機関本・支店名

代表者名　　　　　　　　　　印

協会顧客番号	申込人（法人）

申込金融機関として、申込人が直前の決算（　　　　年　　　　月期決算）において以下の①、②及び③の要件に該当していること並びに保証申込時点において④の要件を満たしていることを確認しております。なお、各要件に係る判断及び確認は申込金融機関によるものです。

① 資産超過である。

純資産合計　　　　　　　　　　　　　　円

② ＥＢＩＴＤＡ有利子負債倍率が１０倍以内である。

ＥＢＩＴＤＡ有利子負債倍率　　　　　　　倍

〔計算式〕（借入金・社債 － 現預金）÷（営業利益 ＋ 減価償却費）

借入金・社債（　　　　　　　　）円 － 現預金（　　　　　　　）円

営業利益　（　　　　　　　　　）円 ＋ 減価償却費（　　　　　　　）円

③ 法人と経営者との関係の明確な区分・分離がなされている。

また、法人と経営者の間の資金のやりとり（役員報酬・賞与、配当、オーナーへの貸付等）が社会通念上適切な範囲を超えていない。

④ 返済緩和している借入金がない。

※各勘定科目の数値については、決算書上の財務数値をそのままご記入ください。

※②については、「営業利益＋減価償却費」は「０」（ゼロ）を超えていることが必要です。「借入金・社債－現預金」は「０」（ゼロ）以下でも対象となります。なお、減価償却費については、営業外費用や特別損失に計上されているものは含めません。

（佐賀県信用保証協会ホームページ）

【借換債務等確認書】

【事業承継特別保証制度用】

年　月　日

信用保証協会　御中

借換債務等確認書

住　所
（申込人）法人名
代表者名　　　　　　　　　　　印

借入申込の内容　　　　　　　　（　　年　月　日現在）

借換対象資金（既往借入金）の内容[1]

		借入日	当初借入額	現在残高	個人保証人の氏名
保証協会付	保証番号	年　月　日	円	円	
		年　月　日	円	円	
		年　月　日	円	円	
		年　月　日	円	円	
		年　月　日	円	円	
①小計		（A）		円	
プロパー[2]	金融機関名	借入日	当初借入額	現在残高	個人保証人の氏名
		年　月　日	円	円	
		年　月　日	円	円	
		年　月　日	円	円	
		年　月　日	円	円	
		年　月　日	円	円	
②小計		（B）		円	
③増額借入希望額[3]		（C）		円	
④借入申込額（①、②及び③の合計）		（A＋B＋C）		円	

※1　本制度で借り換える既往借入金の内容をご記入ください。借入金が極度取引による場合には、「当初借入額」には極度額、「現在残高」には、実際の借入残高をご記入ください。
　　　なお、事業承継後の借入金及び保証人（個人に限る。）を提供していない借入金は対象外となります。
※2　金融機関からの借入金のうち、信用保証協会の保証付きでない借入金をご記入ください。
※3　事業承継後の場合には対象となりませんので、「0」（ゼロ）をご記入ください。

　この度、申込人から経営者を含めた保証人の解除要請を受けた上記借換対象資金（以下「上記資金」という。）は、事業資金として貸し付けたものであり、返済条件の緩和をしていません。
　また、「事業承継特別保証制度要綱」に基づく対象資金であることを確認しています。
　なお、上記資金に当金融機関以外からの融資金が含まれるときは、「他行借換依頼書兼確認書」により、借換対象資金の状況を確認しています。
　この度の信用保証付融資金については、申込人の金融円滑化に寄与し、かつ、事業経営の利益となるものであり、当金融機関では、今後とも積極的に支援していく方針です。

年　月　日

金融機関本・支店名

代表者名　　　　　　　　　　　印

（佐賀県信用保証協会ホームページ）

141

【他行借換依頼書兼確認書】

【事業承継特別保証制度用】

年　　月　　日

信用保証協会　御中

他行借換依頼書兼確認書

　　　　　　　　　　　　　　　　住　　所

（依頼人）　法 人 名

　　　　　　　　　　　　　　　　代表者名　　　　　　　　　　　印

　　私は、経営者を含めた保証人を提供している既往借入金について、取引金融機関に対し、保証人の解除を要請しております。

　　今般、取引金融機関との協議により、貴協会の「事業承継特別保証制度」による（借換金融機関名）

からの借入金をもって、次の【既往借入金の内容】に記載する（被借換金融機関名）　　　　　　からの借入金を決済することで保証人の解除を図りたく、ここに依頼いたします。

【既往借入金の内容】※1　　　　　　　　　　　（　　　　年　　月　　日現在）

	借入日	当初借入額	現在残高	保証番号※2	個人保証人の氏名
既往借入金	年　月　日	円	円		
	年　月　日	円	円		
	年　月　日	円	円		
	年　月　日	円	円		
	年　月　日	円	円		
合　　計			円		

※1 本制度で借り換える既往借入金の内容をご記入ください。借入金が極度取引による場合には、「当初借入額」には極度額、「現在残高」には、実際の借入残高をご記入ください。
　　なお、事業承継後の借入金及び保証人（個人に限る。）を提供していない借入金は対象外となります。
※2 信用保証協会付借入金の場合は、保証番号をご記入ください。

　　この度、依頼人から経営者を含めた保証人の解除要請を受けた上記【既往借入金の内容】に係る融資金について、当金融機関では、保証人の解除が困難なことから、依頼人に対する（借換金融機関名）

からの融資金により、同金融機関からの送金と同日付で完済処理をいたします。

　　なお、上記の融資金は、事業資金として貸し付けたものであり、返済条件を緩和していません。

　　また、依頼人を債務者とする不動産担保の設定状況は次のとおりです。

設定額	千円	抵当権 ・ 根抵当権	設定額	千円	抵当権 ・ 根抵当権
	千円	抵当権 ・ 根抵当権		千円	抵当権 ・ 根抵当権

【送金先】

　　　　　　　　　　　　　　　銀行　　　　　　本店
送金指定口座　　　　　　　　　信用金庫　　　　支店　　別段　　預金口座番号
　　　　　　　　　　　　　　　信用組合

口座名義人（送金先金融機関名）

年　　月　　日

金融機関本・支店名

代表者名　　　　　　　　　　　印

【事業承継時判断材料チェックシート】

事業承継時判断材料チェックシート

No. ／

住所		作成日	
企業名			
代表者名		経営者保証コーディネーター	印

	必須書類		説明ポイント	経営者保証Co 使用欄	
				個別	総合
①	事業承継計画書	a	事業承継に取り組む中小企業・小規模事業者である ※書式は任意。信用保証協会が定める事業承継計画書様式も可		
②	決算書	b	税務署に申告した財務情報と同一の情報が金融機関に適切に開示されている （税務署受付印が押印されている、または電子申告の確認資料（受付結果（受信通知）等）が添付されていること）		
		c	経営者が法人の事業活動に必要な本社・工場・営業車等の資産を有していない なお、事業資産の所有者が決算書で説明できない場合、所有資産明細書等を添付すること ⇒【追加書類】所有資産明細書等		
		◆	経営者が有している場合、適切な賃料が支払われているか賃貸借契約書等を添付すること ⇒【追加書類】賃貸借契約書等（写しでも可）		
		d	法人から経営者等への資金流出（貸付金、未収入金、仮払金等）がない		
		◆	貸付金等がある場合、一定期間での解消意向を説明するため、契約書類等を添付すること ⇒【追加書類】金銭消費貸借契約書、借用書等（写しでも可）		
		e	法人と経営者の間の資金のやり取りが社会通念上適切な範囲を超えていない 具体的には、①役員報酬や配当、交際費等が法人の規模、収益力に照らして過大ではないこと ②経営者やオーナー一族への資金流出・意図的な資産のシフトはしていないこと		
		f	法人のみの資産・収益力で借入返済が可能と説明できる ＜参考1＞EBITDA有利子負債倍率 ［計算式］（借入金・社債−現預金）÷（営業利益＋減価償却費） 　期　　　　倍　　　期　　　　倍　　　期　　　　倍 ＜参考2＞フリーキャッシュフローの実績 ［計算式］税引後当期利益＋減価償却費 　期　　　千円　　期　　　千円　　期　　　千円 ＜参考3＞純資産額の実績 　期　　　千円　　期　　　千円　　期　　　千円		
③	試算表 （決算後3ヵ月以内の 場合には提出不要）	g	金融機関からの求めに応じて財務情報を適時適切に提供できる体制が整っており、継続的に提供する意思があること		
④	資金繰り表	h	試算表と合わせて資金繰り表を提出し、金融機関に財務情報を提供する体制が整っている		
		i	当面の資金繰りに資金不足が生じていないことが、資金繰り表により確認できること		

	任意書類		説明ポイント	経営者保証Co 使用欄
⑤	税理士法第33条の2 に基づく添付書面	j	決算書を確認する際の補強材料として使用	
⑥	「中小企業の会計に 関する基本要領」 チェックリスト	k	決算書を確認する際の補強材料として使用	
⑦	事業計画書等	l	事業承継後の事業方針や業績見通しが明確になっているか （ローカルベンチマーク等の財務分析資料を含む）	
⑧	社内管理体制図	m	取締役会の適切な開催や、会計参与の設置、監査体制の確立等による社内管理体制の整備状況を説明できるか	
⑨	監査報告書	n	公認会計士による会計監査、適正意見の確認	

＜留意事項＞　本チェックシートの確認とは別に、金融機関及び信用保証協会による審査があります。
　　　　　　　チェックシートの有効期限は、作成日から3ヵ月以内。
　　　　　　　信用保証協会の事業承継特別保証を申込む場合は、信用保証協会の受付日が有効期限内である必要があります。

（佐賀県信用保証協会ホームページ）

⑶　経営者保証解除に向けた専門家による中小企業支援等

　各都道府県に設置している事業承継ネットワーク事務局に新たに経営者保証コーディネーターを配置し、経営者保証ガイドラインの充足状況等の確認や、経営者保証解除に向けた金融機関との交渉支援など保証解除に向けた専門家による中小企業支援事業が令和2年4月1日から開始しています。

　この支援を受けて経営者保証の解除を目指す中小企業は、まず、事業承継ネットワーク事務局に相談、支援申請を行います。

　経営者保証コーディネーターは、「事業承継時判断材料チェックシート」に基づく確認を行い、改善が必要と判断される企業については、チェックシートの充足に向けた改善計画策定のアドバイスを行います。

　チェックシートを充足していると判断された企業については、派遣専門家（主に中小企業診断士、税理士、弁護士等）の支援のもと、中小企業は経営者保証解除に向けた交渉・目線合わせを金融機関と行います。

【事業承継時における経営者保証解除に向けた専門家による中小企業支援の流れ】

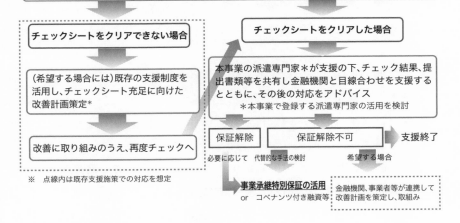

（出典）中小企業庁

⑷ 活 用 例

■ ア 経営に関与しない前経営者の保証が解除された事例

　不動産賃貸業を営む会社の前経営者が筆頭株主であり取締役でもあったため、現経営者（前経営者の妻）とともに経営者保証をしていましたが、同社の取締役であり既に実質的な経営者である前経営者の長男に事業承継するに際し、以下の事情を考慮して、前経営者の経営者保証が解除されました。

・前経営者の長男に株式を譲渡して経営権・支配権を有しなくなったこと

・返済状況や担保による債権の保全状況に問題がなかったこと

イ　経営について一定の影響力を持つ前経営者の保証が解除された事例

　主債務者である四輪車販売ディーラー（業歴40年超、県内に4拠点を有し、業績は堅調に推移）の前経営者は、代表取締役社長退任後も代表取締役会長に就任し、株式の9割超を保有しており実質的な影響力が大きかったものの、以下の事情を考慮して、前経営者の経営者保証が解除されました。なお、新経営者（生え抜き社員）も経営者保証を行っておりません。

- ・各部門の責任者が出席する会議を毎月実施して会社の意思決定を行うなど、適切な社内の管理体制を整備していること
- ・前経営者から会社への貸付金も清算されており、法人と個人の資産の分離に向けた取組みがみられること
- ・5期連続で利益を計上しており、今後も、法人のみの資産・収益で借入金返済が十分であると見込まれること
- ・試算表等の財務情報について、適時適切な情報開示を行っていること

ウ　ガイドラインの要件を充足しており前経営者の保証を解除し、新経営者から保証を求めなかった事例

　主債務者である自動車用品卸売業者（ガソリンスタンドが主な販売先であり、業況は堅調に推移）の経営者の交代に際し、以下の事情を考慮して前経営者の保証を解除し、新経営者の経営者保証は不要とされました。

- ・事業用資産が全て法人所有であること
- ・法人から役員への貸付がないこと
- ・代表者は内部昇進での登用が中心であり、その親族は取締役に就任

しておらず、取締役会には顧問税理士が監査役として参加している
など、一定の牽制機能の発揮による社内管理体制の整備が認められ
ること

・法人単体の収益力により、将来にわたって借入金の返済が可能であ
ると判断できること

・財務諸表のほか金融機関が求める詳細な資料（試算表等）の提出に
も協力的であること

エ　ガイドラインの要件を一部満たしていないものの前経営者の保証を解除し、新経営者から保証を求めなかった事例(1)

主債務者は、建築資材を中心に食料品も取り扱うホームセンターで、
50年以上の業歴を有する老舗企業です（地域で最も品揃えが豊富で、
価格競争力を有しており、財務内容も良好）。

前経営者が高齢であったことから、子息を新経営者として事業承継を
行いましたが、同社では、法人と個人の資産の分離が明確に行われてい
ないなど、本ガイドラインの適用要件を一部満たしていませんでした。

しかし、以下の事情を考慮して、前経営者の保証を解除し、新経営者
の経営者保証は不要とされました。

・金融機関及び顧問税理士が指導を行うことで、法人と個人の資産を
分離することの必要性を新・旧経営者が十分に認識し、実際に、工
場や社用車の所有名義の前経営者から法人名義への変更など、顧問
税理士による外部の適切な指導の下、法人と個人の一体性の解消に
向けて取り組んでいること

・財務内容が良好で、返済力に懸念がないこと

・当初より適時適切に情報の開示・説明が行われ、経営の透明性が確
保できており、金融機関と良好な関係性が構築できていること

・事業承継を検討し始めた早期から、金融機関と円滑な事業承継に向
けて、今後の事業計画の共有を含めた連携を図ってきたことで、事

業承継後に前経営者が経営から離れても、新経営者の下で事業の継続性に問題がないと判断できること

主債務者は、工場の生産ラインに用いるステンレスタンク、薬品や接着剤等の定量排出装置などを製造している企業で取引先は業種を問わず900社超にわたり、業種や販売先が分散されていることから景気動向に左右されにくく、業績は堅調に推移しています。

同社では、主債務者から前経営者に対する貸付金（株式取得資金）があるとともに、直近の決算書では新経営者に対する貸付金も計上されており、法人と経営者との関係の明確な区分・分離がなされていませんでした。

しかし、以下の事情を考慮して、前経営者の保証を解除し、新経営者（生え抜き）の経営者保証は不要とされました。

・法人・個人一体性の解消に向けた取組み（前経営者への貸付金について、保有株式の譲渡金にて清算予定であること、新経営者への貸付金については毎年一定額を返済（約10年で完済）すること）を踏まえ、今後法人から経営者への貸付金の清算が見込まれること

・事業基盤が盤石で業績も堅調であり、法人のみの資産・収益力で借入金の返済が十分可能と見込まれること

・適時適切に財務情報の開示を受けており、良好なリレーションシップが構築できていること

第6章

遺留分対策

第1章で説明しましたとおり、事業承継を進めるに当たっては、遺留分に対する対策を講じることが必要です。

遺留分とは、相続に際し、一定の相続人（遺留分権利者）に対して法律上留保することが保証された相続財産の一部をいいます。そのため、事業に必要となる財産を後継者に相続させようにも、遺留分があるためにこれができないという問題が生じる場合があります。そこで、遺留分に対して対策を講じることが必要となるわけです。

以下では、遺留分に対して、どのような対策を取ることができるのか説明します。

1 遺留分の概要

遺留分に対する対策を説明する前提として、まず遺留分が具体的に誰にどのような請求を認めるものであるのか概要を説明します。

(1) 遺留分権利者と割合

遺留分権利者は、相続人のうち兄弟姉妹（兄弟姉妹の代襲相続人も含む）以外の相続人です。

遺留分権利者には、総体的遺留分として、①直系尊属のみが相続人である場合には、「遺留分を算定するための財産」（後記(2)で説明します）の額に3分の1を乗じた額が、②それ以外の場合には、「遺留分を算定するための財産」の額に2分の1を乗じた額が認められます（民法1042条1項）。

そして、各遺留分権利者に認められる個別の遺留分の割合は、総体的遺留分に各自の相続分を乗じた割合となります（民法1042条2項）。

例えば、遺留分権利者が、①配偶者と子供2人の場合、②子供3人のみの場合、③両親のみの場合には、個別的遺留分の割合はそれぞれ以下

の表のようになります。

	遺留分権利者	法定相続分	個別的遺留分
①	配偶者と子供2人	配偶者：2分の1 子供：各4分の1	配偶者：4分の1 子供：各8分の1
②	子供3人のみ	子供：各3分の1	子供：各6分の1
③	父と母のみ	父と母：各2分の1	父と母：各6分の1

(2) 遺留分を算定するための財産

遺留分を算定するための財産は、原則として、被相続人が相続開始の時において有した財産の価額にその贈与した財産の価額を加えた額から債務の全額を控除した額になります（民法1043条）。

> 「相続開始の時に有した財産」＋「贈与財産」－「債務」
> ＝「遺留分を算定するための財産」

ただし、ここで言う「贈与財産」には、被相続人が生前に行った全ての贈与財産が含まれるわけではありません。

遺留分を算定するための財産に含まれる「贈与財産」は、①相続人以外の者に対して相続開始前の1年間にしたもの、②相続人に対して相続開始前の10年間に婚姻若しくは養子縁組のため又は生計の資本としてしたもの、③（贈与が行われた時期にかかわらず）当事者双方が遺留分権利者に損害を加えることを知ってしたものに限られます（民法1044条）。

(3) 具体的な請求方法

では、実際に遺留分が侵害された場合、遺留分権利者は具体的にどのような請求ができるでしょうか。例えば、以下のような事例を考えてみます。

事例

　亡くなったＡには、法定相続人としてＢとＣの二人の子がいます。Ａの遺した相続財産は預金300万円と経営する会社の株式（時価1,700万円）でした。Ａは、会社を共に経営していたＢに対して全ての財産を相続させる遺言を残しました。

　この場合、遺留分を算定するための財産の額は、相続開始の時に有した財産である「預金300万円」と「株式（1,700万円）」の合計2,000万円です。

　また、Ｃの個別的遺留分の割合は、「総体的遺留分（１／２）」×「法定相続分（１／２）」により、4分の1となります。

　したがって、Ｃの遺留分は、2,000万円の4分の1である500万円となります。

　そうすると、Ａの遺言のとおり、Ｂに対して全ての財産が相続されるとすると、Ｃの500万円の遺留分が侵害されていることになりますので、ＣはＢに対して、500万円を支払うように請求することができます。

　ここで重要なのは、ＣがＢに対して請求できるのは遺留分侵害額の請求、すなわち、侵害された遺留分の額に相当する金銭の支払いの請求にとどまるということです（民法1047条参照）。

　そのため、Ａの後継者であるＢが十分な金銭を持っていれば、Ｃから遺留分侵害額請求権を行使されたとしても、Ｃに対して遺留分侵害額の支払いが可能であり、Ａから相続した会社の株式には影響がなく、事業承継に当たって問題は生じないことになります。

　しかしながら、Ｂが十分な金銭を持っていない場合、ＢはＡから300万円の預金を相続したものの、Ｃに対して遺留分侵害額を支払うには200万円が足りないこととなり、Ａから相続した会社の株式の売却を余儀なくされる可能性があるなど、事業承継に支障が生じることとなってしまいます。

このように、遺留分権利者に認められているのは遺留分侵害額請求という金銭的請求権ですので、遺言や贈与により承継された株式や事業用資産が遺留分権利者の請求によって直ちに分散してしまうといった不都合はありません。

しかしながら、株式や事業用資産を承継した受遺者や受贈者に遺留分権利者に対して支払うべき資金がなければ、承継した株式や事業用資産を売却して現金化する必要が生じるなど、結果として、折角承継された株式や事業用資産が分散してしまうという問題があります。

そのため、このような問題が生じないように予め手当てしておく必要があるのです。

なお、上記のように、遺留分権利者に認められる権利が遺留分侵害額請求権、すなわち金銭的請求権とされたのは、令和1年7月1日から施行された改正民法からになります。そのため、同日より前に相続が発生した場合には、遺留分がより問題となる可能性がありますので、留意が必要です。

(4) 遺留分割合の排除・減少等の可否

ア 遺言による排除

上記のとおり、遺留分は、遺留分権利者に法律上保証されているものですので、被相続人といえども、遺言によって遺留分を排除することはできません。

例えば、遺言により、遺留分権利者の遺留分をゼロとすることや、相続人の遺留分の割合を減少させることを定めをしたとしても、そのような遺言は有効にはなりません。

イ 養子縁組による遺留分侵害

養子縁組をした場合、遺留分権利者が増えることになりますので、結果として、各遺留分権利者の個別的遺留分は減少することになります。

これを利用して、例えば、Aの法定相続人として子BとCがいる場合に、Bに全ての財産を相続させる旨の遺言を残した上で、Bの妻や子をAの養子とすることで、Cの個別的遺留分を減少させることができるでしょうか。

　この点に関して、裁判例上、「たとえ縁組の届出自体について当事者間に意思の合致があり、ひいては、当事者間に、一応法律上の親子という身分関係を設定する意思があったといえる場合であっても、それが、単に他の目的を達するための便法として用いられたもので、真に親子関係の設定を欲する意思に基づくものでなかった場合には、縁組は、当事者の縁組意思を欠くものとして、その効力を生じない」と解されています（大阪高判平成21年5月15日、判例タイムズ1323号251頁）。

　そのため、専ら遺留分を減らすのが目的であり、真の親子関係を創設するという縁組みの意思を欠くような場合には、養子縁組は無効であり、遺留分を減少させることもできないと考えられますので注意が必要です。

2 遺留分権利者の協力が得られる場合

　遺留分権利者の遺留分が侵害された場合であっても、遺留分権利者が遺留分侵害額請求権を行使しなければ、問題は生じません。

　そのため、遺留分が侵害されることについて遺留分権利者に異議がない場合には、遺留分に対する対策を講じる必要がないようにも思えます。

　しかしながら、被相続人が存命のうちは遺留分の侵害について異議がないように見えても、いざ被相続人が亡くなってみると遺留分権利者が権利を行使するということも少なくありません。

　そのため、被相続人が存命の間に遺留分権利者の協力が得られるのであれば、しっかりと遺留分に対する対策を講じておくことが望ましいです。

　具体的には、①予め遺留分を放棄してもらう方法（後記(**1**)）と、②経営承継円滑化法を活用する方法（後記(**2**)）とが考えられます。

(1)　予め遺留分を放棄してもらう方法

　まず、予め遺留分の放棄をしてもらう方法ですが、被相続人が存命の間に遺留分権利者から「遺留分を放棄します」という書面をもらっていても、それだけでは遺留分の放棄の効果は生じません。

　相続の開始前における遺留分の放棄は、家庭裁判所の許可を受けたときに限り、その効力を生じます（民法1049条1項）ので、遺留分の放棄を有効に行うためには、家庭裁判所の許可を受ける必要があります。

■ア　近年の家庭裁判所の傾向

　この点に関して、近年の家庭裁判所における遺留分の事前放棄の許可申立事件の既済事件件数とその結果は、以下のとおりです。

	認容	却下	取下げ	その他
平成28年	1119件	12件	63件	12件
平成29年	931件	17件	41件	10件
平成30年	890件	6件	64件	8件

（出典）司法統計年報・家事編より

　このように、遺留分の事前放棄の許可申立てについては、8〜9割は認容されているのが実際のところです。

　もっとも、実際に却下されたり、取下げとなっている事例があることから分かるとおり、遺留分権利者の協力が得られれば直ちに許可されるというわけではありませんので、注意が必要です。

■イ　許可の基準

　それでは、どのような場合に家庭裁判所の許可を受けることができるのでしょうか。

　実は、法令上も具体的な要件や基準が定められているわけではありません。

　もっとも、裁判例においては、「家庭裁判所が、遺留分放棄の許可審判をなすにあたっては、遺留分放棄が、遺留分権利者の自由な意思に基づくものであるか否かを吟味するとともに、その意図するところが、民法で定める均分相続の基本的な理念を没却するものであれば、これを排斥するなどの措置を講じることはもとより、相続財産の内容、性質、遺留分権利者と被相続人その他の親族間の事情等を慎重に調査検討し、遺留分放棄の理由が合理性若しくは妥当性、必要性ないし代償性を具備しているものと認められる場合に、事前放棄の許可審判をなすべき」であるなどと許可基準について判断がされています（東京家審昭和54年3月28日、家庭裁判月報31巻10号86頁等）。

　このように、家庭裁判所の許可を受けるためには、①遺留分の放棄が遺留分権利者の真意に基づくことに加えて、②遺留分の放棄に合理性・

相当性、必要性又は代償性が必要になります。

　そのため、遺留分を放棄する遺留分権利者には、裁判所に対して、遺留分を放棄することが真意であることや、遺留分を放棄することの合理性等について説明をしてもらうなど、積極的に協力をしてもらう必要があります。

　この点、遺留分を放棄してもらう遺留分権利者に対して生前贈与を行っておくなどすると、家庭裁判所の許可を受けやすくなると考えられます。

■ ウ　許可取消しのリスク

　更に注意しなければいけないのは、家庭裁判所で遺留分の事前放棄が一度許可された場合であっても、その後に遺留分権利者から家庭裁判所に申立てがなされた場合には、許可が取り消されてしまう場合がある点です。

　裁判例上は、単に遺留分権利者が放棄する意思を喪失したという理由だけでは取消しは認められていないものの、家庭裁判所の許可が上記イの基準を満たしておらず不当であったという場合だけでなく、その後に事情変更があり上記イの基準を満たさなくなったという場合にも取消しが認められています。

　また、取り消し得る時期にも、時間的な制約はなく、相続開始後であっても取消しが認められています。

　許可の取消しがなされた事例としては、例えば、①被相続人の後妻である養母から相当な財産の相続の期待があったために遺留分の事前放棄の申立てがなされたものの、その後何らの財産の分配を受けることなく、養母と協議離縁した事例（東京家審昭和44年10月23日、家庭裁判月報22巻6号98頁）や、②被相続人が山林事業の維持のために資産の分散を嫌い長男に単独相続させることを企図し、長男以外の相続人に将来相当な財産の贈与を行う約束で遺留分の事前放棄の申立てがなされたも

のの、その後に遺留分に見合うだけの贈与などの代償がなされなかった事例（東京家審昭和54年3月28日、家庭裁判月報31巻10号86頁）などがあります。

(2)　経営承継円滑化法を活用する方法

次に、経営承継円滑化法を活用する方法ですが、第4章で説明しましたとおり、経営承継円滑化法に基づき、一定の要件のもと、

①　後継者が先代経営者から贈与等により取得した株式等の全部又は一部を、「遺留分を算定するための財産」から除外すること（除外合意）

②　①の株式等の全部又は一部を「遺留分を算定するための財産」に算入する際に合意の時点での評価額とすること（固定合意）

③　①又は②の合意に加えて、後継者が先代経営者から贈与等により取得したそれ以外の財産や遺留分を有する他の共同相続人が先代経営者から贈与等により取得した財産についても「遺留分を算定するための財産」から除外すること

ができます。

これにより、遺留分を侵害することなく、後継者に対して事業を承継することが可能になるわけです。

この方法は、先代経営者が生存中に、経済産業大臣の確認を受けた後継者が、遺留分を有する推定相続人全員の合意と家庭裁判所の許可を条件に行うものですので、遺留分権利者の協力が必要という点では、予め遺留分を放棄してもらう方法と同様です。

もっとも、予め遺留分を放棄してもらう方法が、放棄をする遺留分権利者が主体となって手続を行う必要があるのに対して、経営承継円滑化法を活用する方法は、後継者となる者が主体となって手続を行うことができる点において、予め遺留分を放棄してもらう方法よりも活用しやすい方法であると言えます。

　他方、経営承継円滑化法を活用する方法は、先代経営者が生存中に後継者に株式等を贈与する必要がありますので、先代経営者が亡くなるまでは後継者に承継させたくないような場合には適さない方法になります。

　この経営承継円滑化法を活用する方法の具体的な要件等については、第4章4で説明していますので、そちらをご参照ください。

3 遺留分権利者の協力が得られない場合

　上記2では、遺留分権利者の協力が得られる場合の対策について説明しましたが、実際には、遺留分権利者の協力が得られない場合の方が多いと考えられます。

　しかしながら、遺留分権利者の協力が得られない場合であっても、遺留分に対する対策を講じることにより、事業承継に支障を来さないようにすることが可能です。

　具体的には、①生前贈与を活用する方法（後記(1)）、②有償譲渡による方法（後記(2)）、③遺留分の負担の順序を指定する方法（後記(3)）、④生命保険を活用する方法（後記(4)）、⑤種類株式を活用する方法（後記(5)）、⑥信託を活用する方法（後記(6)）が考えられます。

(1)　生前贈与を活用する方法

■ア　早めの生前贈与

　上記1(2)で説明したとおり、遺留分を算定するための財産に含まれる「贈与財産」は、

①　相続人以外の者に対して相続開始前の1年間にしたもの
　　及び
②　相続人に対して相続開始前の10年間にしたもの

に原則的には限られます。

　したがって、相続人に対して贈与する場合には、相続開始から10年以上前に生前贈与をすることにより、また、相続人以外の者に対して贈与する場合には、相続開始から1年以上前に生前贈与することにより、遺留分を算定するための財産に含まれなくなりますので、遺留分を侵害することなく事業承継を行うことが可能になります。

　この点、自身の死期を選択することはできませんので、できるだけ早

く生前贈与を実行しておくことが、この遺留分対策のポイントになります。

■ イ　相続放棄の活用

上記のとおり、相続人に対して贈与する場合には、相続開始から10年以上前に生前贈与をすることが必要ですが、10年以内に亡くなってしまうリスクがある場合などには、相続放棄を合わせて利用する方法があります。

具体的には、相続人に対して生前贈与をした上で、被相続人が亡くなって相続が開始した後に当該相続人が相続放棄をするという方法です。

というのも、生前贈与を受けた相続人が相続放棄をした場合、当該相続人は始めから相続人でないことになりますので、当該相続人に対する生前贈与は相続人以外の者に対する生前贈与となり、相続開始前1年以内にされたもののみが遺留分を算定するための財産に含まれることになるからです。

これにより、仮に死期が早まり、行われた生前贈与が相続開始から10年以内になってしまった場合であっても、遺留分を算定するための財産から除外することができ、遺留分を侵害することなく事業承継を行うことが可能になります。

■ ウ　損害を加えることを知ってなされた贈与

上記**ア**及び**イ**のとおり、遺留分を算定するための財産に含まれる「贈与財産」は、原則として、相続開始前1年又は10年以内になされたものに限定されますが、例外的に、当事者双方が遺留分権利者に「損害を加えることを知って」なされた贈与については、相続開始までの期間にかかわらず、全ての贈与が遺留分を算定するための財産に含まれることになります。

そのため、生前贈与を活用する方法をとるためには、当事者双方が遺

留分権利者に「損害を加えることを知って」なされた贈与に該当しない
ことが必要となりますので、注意が必要です。

　この点、「損害を加えることを知って」というのは、生前贈与の当時
において、①当該贈与が遺留分を侵害するとの認識があること、及び、
②将来において被相続人の財産が増加しないという予見があることが
必要であると解されています（大判昭和11年6月17日、大民集15巻
1246頁）。

　したがって、生前贈与をした後に残る相続財産が、生前贈与をしなけ
れば遺留分権利者が有した遺留分よりも少ないことを知っていれば、「損
害を加えることを知って」いたことになりますので、生前贈与を活用す
る方法を取ることはできないということになります。

　他方、生前贈与が早めになされればなされる程、将来において被相続
人の財産が増加する可能性は高くなりますので、「損害を加えることを
知って」なされた贈与に該当しない可能性も高くなります。その意味で
も、できるだけ早く生前贈与を実行しておくことが、この遺留分対策の
ポイントになるわけです。

【裁判例　東京地判平成28年4月13日】
　被相続人Aが、相続人の一人であるBのほか、Bの妻及び子らに対して、
76歳の時から91歳となるまでの間に会社の株式を順次贈与した場合に、
遺留分権利者であるCから、B及びBの妻及び子らに対して遺留分減殺
請求がなされた事例において、被相続人が高齢であったこと等を理由に
被相続人の財産が将来的に増加する見込みがないことを予見していたと
して、Bの妻及び子らに対する各贈与について、「損害を加えることを知っ
て」なされたものと認められると判断されています。

⑵ **有償譲渡による方法**

　上記1⑵で説明したとおり、遺留分を算定するための財産の対象となるのは、「相続開始の時に有した財産」及び「贈与財産」ですので、被相続人の財産を有償譲渡（売買）した場合には、遺留分の対象外となります。

　そこで、被相続人の財産を有償譲渡（売買）することにより、遺留分を算定するための財産に含まれなくなりますので、遺留分を侵害することなく事業承継を行うことが可能になります。

　もっとも、有償譲渡（売買）するためには、後継者が対価を支払う必要がありますので、後継者が対価を支払うための十分な資産を有していれば良いですが、そうでない場合には、この方法をとることは難しいということになります。

　また、有償譲渡であれば何でも良いかというとそうではなく、不相当な対価による有償行為がなされた場合であって、当事者双方が遺留分権利者に損害を与えることを知ってなされたものについては、当該対価を負担の価額とする負担付贈与とみなし、対価を控除した残額が、遺留分算定のための財産の価額に算入されることになるので注意が必要です（民法1045条2項）。

　なお、著しく低い価額での譲渡の場合、買い手である後継者は、贈与税の対象となる場合がありますので、この点にも注意が必要です。

　そのため、有償譲渡による方法については、適切な対価で行うことが、この遺留分対策のポイントになります。

⑶ **遺留分の負担の順序を指定する方法**

　上記1⑷のとおり、遺言で遺留分を排除することはできませんが、遺言で遺留分の負担の順序を指定することは可能です。

　すなわち、遺言で複数の者に遺贈をする場合、あるいは、同時にされ

た複数人に対する贈与がある場合、遺留分侵害額請求の負担は、その目的の価額の割合に応じて負担することが原則ですが、例外的に、遺言者が、その遺言に別段の意思を表示したときは、その意思に従うことになります（1047条1項2号）。

　そこで、会社の株式を後継者に贈与または遺贈した場合などに、その者に対する遺留分侵害額請求の負担をできる限り後にし、同時にされた贈与やその他の遺贈から先に遺留分侵害額請求を負担するように遺言で定めることにより、会社の株式を承継した後継者に遺留分侵害額請求がなされることを回避等することが可能です。

　例えば、①遺言によりA、B、Cがそれぞれ遺贈を受けたところ、このうち、Aが事業承継者であり、株式の遺贈を受けていた場合に、遺留分侵害額請求の負担について、第一順位をB、第二順位をC、第三順位をAと定めたり、②承継する事業とは関係のない預金や不動産がある場合に、遺贈した財産の種別毎に、遺留分侵害請求権の負担について、預金、不動産、株式の順番で負担すると定めたりすることが考えられます。

⑷　生命保険を活用する方法

　事業承継における遺留分対策は、生命保険を活用することによっても可能です。

　上記1⑶のとおり、遺留分侵害額請求権が問題となるのは、株式や事業用資産等を承継した後継者が、遺留分侵害額請求権を行使された際に、遺留分侵害額を支払うだけの資力がなく、結果として株式や事業用資産等が売却、分散してしまうからです。

　そこで、後継者に株式や事業用資産等を贈与又は遺贈した場合に、後継者に対して遺留分侵害額請求が来ることを見越して、遺留分侵害額の支払いができるように、後継者が保険金を受け取ることのできる生命保険をかけておく方法が考えられます。

　すなわち、上記*1*(**2**)で説明したとおり、遺留分を算定するための財産の対象となるのは、「相続開始の時に有した財産」及び「贈与財産」ですが、生命保険金は、「相続開始の時に有した財産」にも「贈与財産」にも含まれませんので、遺留分を算定するための財産の対象外となります。

　そのため、生命保険金の受取人となった後継者は、これを遺留分侵害額の支払いに充てることができるのです。

　例えば、以下のような事例を考えてみます。

事例

　亡くなったAには、法定相続人としてBとCの二人の子がいます。Aの遺した相続財産は預金300万円と経営する会社の株式（時価1,700万円）でした。Aは、会社を共に経営していたBに対して全ての財産を相続させる遺言を残しました。また、Aは、生前Bを保険金受取人とする500万円の生命保険をかけていました。

　この場合、遺留分を算定するための財産の額は、相続開始の時に有した財産である「預金300万円」と「株式（1,700万円）」の合計2,000万円です。Bが受け取る生命保険金は、相続開始の時に有した財産でも贈与財産でもありませんので、遺留分を算定するための財産の対象外となります。

　Cの個別的遺留分の割合は、「総体的遺留分（1／2）」×「法定相続分（1／2）」により、4分の1となります。

　したがって、Cの遺留分は、2,000万円の4分の1である500万円となりますが、Bは生命保険金として500万円を受け取りますので、Cから遺留分侵害額500万円の請求を受けても、受け取った生命保険金をこの支払いに充てることができるわけです。

　ただし、相続財産に対して、あまりに多額の生命保険金が1人の相続人に支払われる場合などには、例外的に生命保険金が遺留分を算定する

ための財産に含まれると解される可能性も否定できませんので、注意が必要です。

　というのも、判例では、遺留分の算定に関するものではなく、相続分の算定に関する判断ですが、「保険金受取人である相続人とその他の共同相続人との間に生ずる不公平が民法903条〔注：被相続人が受けた遺贈等を相続財産とみなす特別受益に関する規定〕の趣旨に照らし到底是認することができないほどに著しいものであると評価すべき特段の事情がある場合」には、例外的に、生命保険金は特別受益に準じて持戻しの対象、すなわち、相続財産とみなされると解されているからです（最決平成16年10月29日、判例タイムズ1173号199頁）。

　そのため、遺留分の算定に関しても、あまりに多額の生命保険金が1人の相続人に支払われる場合などには、例外的に生命保険金が遺留分を算定するための財産に含まれると解されてしまう可能性があると考えられます。

(5)　種類株式等を活用する方法

　事業承継における遺留分対策は、種類株式を活用することによっても可能です。具体的には、①無議決権株式を利用する方法（後記**ア**）、②属人的株式を利用する方法（後記**イ**）が考えられます。

■　ア　無議決権株式の利用

　無議決権株式の詳細については、第2章を参照して頂くとして、会社の株式を普通株式と無議決権株式とに分け、遺留分権利者には、議決権のない無議決権株式のみを遺言により相続させることにより、遺留分対策をすることが可能です。

　これにより、遺留分権利者も、無議決権株式を相続することになりますので、遺留分が侵害されず、遺留分侵害額請求権を行使することはできません。他方で、無議決権株式には株主総会での議決権はないため、

無議決権株式を相続した遺留分権利者は会社の経営に関与することはできず、普通株式を承継した後継者のみの決定により会社を経営することが可能になります。

更に、もし遺留分権利者にはたとえ無議決権株式であっても、そのまま株主でいて欲しくないということであれば、会社や後継者の財務状態の良いタイミングなど都合のよいタイミングで、株式の評価を下げる自社株対策を実施した上で、株式併合による方法など状況に応じて適切な方法でスクイーズアウトを行うことで、最終的には遺留分権利者を株主から排除することも可能です。

■ イ　属人的株式の利用

属人的株式の詳細については、第2章を参照して頂くとして、非公開会社においては、定款で定めることによって、属人的株式を設けることが認められています。

そして、議決権に関する属人的株式を活用することによって、上記**ア**の無議決権株式と同じように遺留分対策をすることが可能です。

例えば、「Aは議決権を1株につき10議決権を有する」などと定めておくことで、後継者であるAに3分の2以上の議決権を確保するといった方法が考えられます。

そうすることにより、後継者は単独で株主総会の特別決議を行うことができ、ほとんどの場面において、後継者のみの決定により会社を経営することが可能になります。

なお、属人的株式の定めが無効となる場合があること（東京地裁立川支判平成25年9月25日、金融・商事判例1518号54頁）については、**第2章**で説明したとおりであり、属人的株式について行き過ぎた定めには注意が必要です。

⑹ 信託を活用する方法

第3章において説明したとおり、事業承継における遺留分対策は、信託を活用する方法によっても可能です。

■ ア　信託受益権は遺留分を算定するための財産に含まれるか

この点に関して、信託に基づき承継した受益権は、遺留分を算定するための財産の対象となる「相続開始の時に有した財産」及び「贈与財産」の何れにも該当しないことから、遺留分を算定するための財産の対象とはならず、信託さえすれば遺留分の問題は生じないといった説明がなされることがあります。

しかしながら、第3章でも説明しましたとおり、裁判例上は、信託に基づき承継される受益権も遺留分を算定するための財産に含まれると解されています（東京地判平成30年9月12日、金融法務事情2104号78頁）。

このように、後継者が受益権を承継する以上、信託に基づく場合であっても、遺留分の問題は生じますので、誤解のないように注意してください。

■ イ　遺留分対策の具体的な方法

信託についての詳細な説明は、**第3章**を参照していただくとして、事業承継における遺留分対策として、具体的にはどのように信託を活用していくのでしょうか。

信託については様々なスキームが考えられますが、例えば、会社の株式に信託を設定し、信頼できる相手や一般社団法人などを受託者にします。

そして、受益権を細分化し、被相続人が亡くなった場合には各相続人に配当を受領する権利等を承継させます。

　他方、株式自体は、受託者に移転してしまっているので、議決権は、受託者が行使することになりますが、議決権行使に係る指図権を後継者に承継させることにより、後継者の指図どおりに議決権を行使させることが可能になります。

　このような信託を行うことにより、遺留分権利者にも、受益権を相続等させることとなり、結果として、遺留分権利者の遺留分を侵害しないことが可能となります。他方で、株主総会の議決権は、指図権を行使することのできる後継者に集中させることができるので、事業は後継者に任せることが可能となります。

第7章

スキーム別事業承継

1 持株会社を利用した事業承継

事例

　A社長は、複数の会社を保有して自ら経営する敏腕2代目経営者ですが、日頃から元気のあるうちに後進に道を譲りたいと考えていました。

　A社長は、自分が複数の会社の経営権を譲り受けた際、それぞれの会社毎に株式の引継手続をしましたが、この手続が非常に面倒だった記憶があったので、後継者にはこのような苦労をして欲しくないと考えています。

　また、A社長は、経営する各会社の事業が密接に関連していることから、今後もその関係性が崩れないように承継されていくことを望んでいました。

　そこで、A社長はこのような要望を顧問税理士に相談したところ、持株会社の設立による事業承継の方法を提案されました。

　果たして、持株会社を利用した事業承継とは、どのような方法でしょうか。

(1)　持株会社とは？

　「持株会社」とは、独占禁止法の概念で、子会社の株式の取得価額の合計額の会社総資産の額に対する割合が100分の50を超える会社をいう（独占禁止法9条4項1号）ものと定義されています。簡単に言えば、他の会社の株式を大量に保有することを目的とする会社のことです。一般的には「ホールディングス」や「ホールディングスカンパニー」などとも呼ばれています。

　持株会社の中には、自らも本業の事業活動を行うとともに他社の株式を保有する「事業持株会社」と呼ばれる会社もありますが、一般的に「持株会社」といえば、他の会社の株式を保有すること自体を本業とする「純粋持株会社」を指します。

⑵ 持株会社を利用した事業承継の方法

持株会社を利用した事業承継の代表的な方法は以下の図のとおりです。

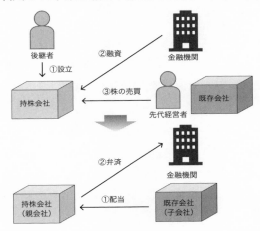

① 後継者が出資をして新しい会社（持株会社）を設立する。

② 持株会社設立後、金融機関から融資を受けて既存会社の先代経営者から株式を買い取る。

③ 持株会社は、取得した既存会社の株式からの配当を原資に金融機関への弁済を行う。

⑶ メリット・デメリット

■ ア メリット

先代経営者は保有する株式を全て持株会社に譲渡することになりますので、先代経営者の死後も相続による既存会社の株式の分散を防止することができる点は大きなメリットです。先代経営者においては、株式譲渡による譲渡所得が発生しますが、この譲渡所得は一律20.315%（所得税15%、復興特別所得税0.315%、住民税5%）の分離課税ですので、実効税率が40%を超える高額所得者にとっては特に有利な方法といえます。

また、平成22年の税制改正によって100%子会社からの配当については

法人税等の課税はされないことから、持株会社にとっても、子会社からの配当金全額を弁済の原資に充てることができるというメリットがあります。

■ イ　デメリット

　他方、デメリットとしては、上述したとおり、先代経営者は譲渡所得税の課税を受けますし、譲渡所得税控除後の現金が相続時にも残っていればその現金は相続税の課税対象ともなるため、相続税の対策は別途行う必要があります。

　また、持株会社は既存会社からの配当金を金融機関への弁済原資に充てることを前提としているため、既存会社に安定した収益力がなければ、持株会社は十分な配当を得ることができず、弁済不能に陥る危険性があることにも注意をしなければなりません。

■ ウ　事業承継としての評価

　持株会社を使わない場合、それぞれの会社毎に株式の引継が必要となりますので、会社の数が多ければ多いほどその手続は煩雑化し、各会社内の意見の集約は難しくなります。

　その点、持株会社は傘下の会社の株式を一手に掌握していますので、持株会社の株式を移転することで実質的に傘下の子会社全ての経営権を承継させることができ、承継手続を簡素化することができます。

　また、多種多様な会社を一つのグループにまとめることで、グループ内のシナジー効果や事業規模の拡大等の副次的効果を期待することもできます。

　しかし、裏を返せば、持株会社の場合は後継者を一人に絞ることになりますので、その選定には十分注意を払う必要がありますし、グループ内の事務管理の複雑化による管理コストの増加といった問題が生じる可能性もあります。

　したがって、持株会社を利用した事業承継を行う際には、その後の展開をきちんと考えてから行うことが重要となります。

2　一般社団法人を利用した事業承継

> **事例**
>
> 　B社長は先代社長からの相続によって、代々B家の家系で経営されてきた甲社の株式のほか、多数の賃貸物件を相続しました。
>
> 　しかし、B社長は、この相続の際に多額の相続税の支払を余儀なくされたため、相続税納付のための金策には非常に苦労しました。
>
> 　B社長は、先代から続く伝統を守るため、今後も甲社の経営や多数の賃貸物件の管理はB家の人間に任せたいと考えていましたが、承継していく子孫には相続税の支払でB社長と同様の苦労はさせたくないと考えています。
>
> 　そこで、B社長はこのような要望を顧問税理士に相談したところ、一般社団法人の設立による事業承継の方法を提案されました。
>
> 　果たして、一般社団法人を利用した事業承継とは、どのような方法でしょうか。

⑴　一般社団法人とは？

　そもそも、法人とは、自然人以外のものを権利義務の帰属主体とするために法律上その資格（＝法人格）を付与されたものをいいます。

　法人のうち、一定の目的の下に結合した人の団体が法人となったものを社団法人といいますが、従来は、営利法人（株式会社や合名会社等）と公益法人（学校法人や宗教法人）以外は特別法がなければ法人格は付与されませんでした。

　しかし、平成18年に、①一般社団法人及び一般財団法人に関する法律（一般法人法）、②公益社団法人及び公益財団法人の認定等に関する法律（公益法人認定法）及び③一般社団法人及び一般財団法人に関する

法律及び公益社団法人及び公益財団法人の認定等に関する法律の施行に伴う関係法律の整備等に関する法律（関係法律整備法）が成立したことにより（上記三法を「公益法人制度改革関連三法」といいます。）、公益法人と営利法人以外にも法人格が付与されることになりました。この法人のことを一般社団法人といいます。

　一般社団法人は、設立者（社員）2名以上、理事1名以上を置く必要がありますが、社員と理事は兼任することができます。

　したがって、最低2名いれば足りますので、比較的簡単に設立することができます。また、活動内容に制限はなく、株式会社と同様に収益事業を行うことができます。

　株式会社には、「株式」という持分の概念がある一方、一般社団法人には持分という概念がありません。しかし、その他の点では大きな違いはほとんどなく、株式会社も一般社団法人も年度毎に決算を行う必要がありますし、一般社団法人が収益事業を行う場合には法人税も課されます。

　したがって、事業承継を行う目的如何によっては、一般社団法人を利用した方が良い場合もあります。

　そこで、以下にその方法やメリット・デメリットを詳述します。

⑵　一般社団法人を利用した事業承継の方法

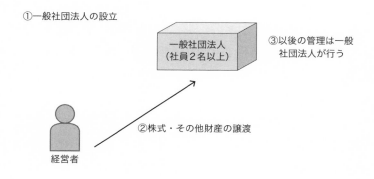

①一般社団法人の設立

一般社団法人（社員2名以上）

③以後の管理は一般社団法人が行う

②株式・その他財産の譲渡

経営者

　一般社団法人を利用した事業承継の方法は、一般社団法人を設立し、その後に先代経営者の保有する株式その他財産を、新規に設立した一般社団法人に譲渡する方法によって行います。

　一般社団法人を設立するには、上記のとおり、2名以上の社員が必要となりますし、公証役場で事前に作成した定款の認証を受けた上で法務局で設立登記申請をする等の一定の手続が必要となりますが、比較的簡易な手続で済みますので、大きな負担はないものと思います。

(3)　メリット・デメリット

■ ア　メリット

　一般社団法人を利用する事業承継のメリットは、相続の度に発生する相続税と株式の分散を防止することができる点が挙げられます。

　一般社団法人は、法人格が付与された独立した権利帰属主体であり、一度承継した財産は一般社団法人固有の財産となりますし、社員には持分もありませんから、社員が死亡したとしても事業を承継した一般社団法人には何らの影響もありません(社員の地位は一身専属の権利であり、相続の対象とはなりませんので、社員の死亡によってその地位がその相続人に相続されることもありません。)。

　したがって、一般社団法人に事業を承継させた後は、税率の低い法人税のみの課税となり、以後の相続税の問題は一切発生しなくなりますし、関係性の薄い相続人が一般社団法人の支配に介入してくるリスクに頭を悩ませる必要もなくなります。

　また、一般社団法人の支配権は社員に帰属し、後継者への承継は社員の交代手続を行えば足りますので、後々の後継問題において贈与税の心配をする必要もありません。

　加えて、社員や理事の決定方法は定款の定めによることになりますので、当該一般社団法人を取り巻く環境の変化によって支配方法を柔軟に対応させることも可能です。

　上記のとおり、税務上のメリットが挙げられる一般社団法人を利用した事業承継ですが、安易な課税逃れができないような租税回避防止規定も定められています（以下の規定は平成30年4月1日以後の一般社団法人に適用され、全ての一般社団法人に適用されるのは令和3年4月1日以後です。）。

　まず、一般社団法人に対して財産の贈与や遺贈があった場合において当該贈与や遺贈により当該贈与や遺贈をした者の親族その他これらの者と特別の関係がある者の相続税又は贈与税の負担が不当に減少する結果となると認められるときは、当該一般社団法人を個人とみなして、これに贈与税や相続税を課されます（相続税法66条4項、同条1項）。この判断基準は、相続税法施行令33条4項、同条3項に詳細が定められており、まずは同条4項により形式的な要件充足性を検討し、これを全て充足した場合には同条3項の実質的な要件充足性を改めて検討することとなります。

　また、一般社団法人を介して特定の者に利益を与える行為を規制するため、上記相続税法66条4項が適用されない場合においても、一般社団法人から特別の利益を与えられたときは、当該特別の利益を受けた者が、一般社団法人に財産を贈与又は遺贈した者から、利益の価額に相当する金額の贈与又は遺贈を受けたものとみなして相続税又は贈与税が課される旨の規定がされています（相続税法65条）。

　さらに、一般社団法人の理事を親族で固めて相続税を回避し続ける行為を抑制するため、一般社団法人について①相続開始の直前において同族理事数の総理事数に占める割合が2分の1であること、又は、②相続開始前5年以内において同族理事数の総理事数に占める割合が2分の1である期間の合計が3年以上であること、のいずれかの要件に該当する場合には、当該一般社団法人の理事である者が死亡した場合は当該法人の純資産額を同族役員数で按分した金額を対象に、その一般社団法人に

相続税が課される旨の規定も定められています（相続税法66条の2）。

　なお、上記「同族理事」には、一般社団法人等の理事のうち、被相続人又はその配偶者、三親等内の親族のみならず被相続人が会社役員となっている会社の従業員等も含まれます（相続税法66条の2第2項2号）。

■ウ　事業承継としての評価

　以上のとおり、不当な租税回避に対する規定も整備されていますので、理事の構成には十分注意を払う必要がありますし、社員が誰もいなくなれば一般社団法人は解散することになりますから（一般法人法148条4号）、社員が欠けないように注意を払う必要がある等、一般社団法人を維持する上では手間が全くないわけではありません。

　しかし、一般社団法人を利用するにせよ、株式会社を利用するにせよ、何らかの維持行為は必要になりますから、一般社団法人にのみ特筆すべき手間があるわけではありません。

　これまでその利点の大きさから広く利用されてきた事業承継方法ですので、法規制をよく理解した上で利用することで効果的な事業承継が可能な手法といえるでしょう。

事例

　C社長は、50年前に乙社を設立し、その事業を拡大させ続けてきました。C社長の努力は実り、乙社の経営も順調でしたが、C社長には親族がおらず、経営を任せられるような部下もいません。

　C社長としては、後進に道を譲った後はきっぱりと経営から身を引きたいと考えているほか、後継者にはC社長では考えが及ばなかったような発想を取り入れてもらい、飛躍的に発展させていって欲しいと考えており、そのためには、「乙社」の社名が残らなくても構わないとさえ考えています。

　そこで、C社長はこのような要望を顧問税理士に相談したところ、C社長がこの人だと見込んだ人に承継してもらう方法として、合併による事業承継の方法を提案されました。

　果たして、合併による事業承継とは、どのような方法でしょうか。

(1)　合併とは？

　合併とは、一方の会社の権利義務の全部を清算手続を経ずに他方の会社に包括承継させることです（会社法2条27号、同条28号、同法748条）。既存会社が包括承継することを「吸収合併」といい、新設会社が包括承継することを「新設合併」といいます。

　通常、「合併」という場合には「吸収合併」である場合が圧倒的に多いのが現状です。合併が行われる場面においては、存続会社と消滅会社との力関係が歴然としていることも珍しくなく、あえて両社を消滅させて新たな会社を設立する必要性に乏しいことや、登録免許税の多寡（吸収合併の場合は合併によって増加した存続会社の資本金額を基に登録免許税を算定しますが、新設合併の場合は設立された会社の資本金を基に

算定します。）が主たる理由として挙げられるところです。

そこで、以下では代表的な吸収合併の事例を想定して解説いたします。

(2) 合併を利用した事業承継の方法

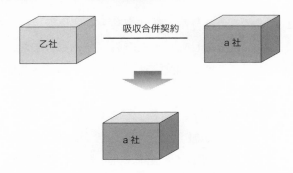

合併しようとする当事会社が合併契約を締結して行いますが、合併契約の成立に至るまでには概ね以下の流れとなることが一般的です。詳細は、本書第8章3を参照してください。

　ア　方針・仲介者の決定

　イ　事業評価書類の作成

　ウ　譲受会社の選定

　エ　交渉

　オ　基本合意の締結

　カ　デューデリジェンス

　キ　最終契約の締結

　ク　その後の各会社の手続

合併契約締結後、譲渡会社と譲受会社は、いずれも合併契約の内容や合併の対価の相当性に関する事項等を記載した書面等を本店に備え置き、各会社の株主及び債権者の閲覧等に供する必要があるほか（会社法782条、同法794条及び同法施行規則182条）、関係者に対する通知・催告や公告（株主について会社法785条3項、同4項、同797条3項及び同4項、債権者について会社法789条2項、同3項、同799条2項及

び同3項）や、原則として株主総会の特別決議を経る必要があります（会社法783条、同795条）。

⑶ 組織再編税制について

　合併や以下に述べる会社分割・株式交換・株式移転は、会社組織が大きく変わることから、総称して「組織再編」といわれます。

　組織再編行為については、譲渡会社においても譲受会社においても課税されるのが原則ですが（法人税法62条、同法62条の9）、一定の要件を満たせばみなし配当課税（所得税法25条1項1号、法人税法24条1項1号）や繰越欠損金の引継ぎ（法人税法57条2項）、資産調整勘定（法人税法62条の8第1項、同4項及び同5項）その他各課税面で全く異なる取り扱いがされます。

　この要件を満たさない合併を「非適格合併」といい、この要件を満たす合併を「適格合併」といい、要件を満たす場合には必ず適格合併となります。

　具体的な要件は、法令に記載されているとおり（法人税法2条12の8号、法人税法施行令4条の3第1項～同4項参照）、合併の対価や株主の支配関係、事業の関連性等があります。

⑷ メリット・デメリット

■ ア　メリット

　上記のとおり、合併は譲受会社に債権債務の全てを丸ごと承継してもらうものですので、譲渡会社の経営者は後継者問題のみならず、経営上のあらゆる問題から一気に解放されるメリットがあります。

　また、合併による企業規模の拡大によるスケールメリットの獲得のほか、同業他社と合併すれば業界内での競争力を高めることができ、業界内でより優位に立つことができるでしょうし、他業の会社と合併した場合にも各会社の事業内容によっては相乗効果（＝シナジー）を生み出す

こともあり得ます。

その他、会社間の損益通算や繰越欠損金の引継による節税効果といった副次的効果も得られる場合があります。

■ イ　デメリット

他方、上記メリットの裏返しともいえますが、合併によって譲渡会社は消滅することになりますので、これまで続いてきた伝統や歴史は表面上は消滅することになります。

また、合併によって異なる2つの企業が一つの会社に統合されることになりますので、社内ルールや従業員の人的関係等の企業文化の融合には相当な時間を要する可能性がありますし、負のシナジーを生み出すことも否定できません。

さらに、合併の諸手続や社内部門・人員の整理等に相応のコストを要しますし、企業規模の拡大による優遇措置の中止や偶発債務への対応等も懸念されるところです。

■ ウ　事業承継としての評価

したがって、合併による影響は良くも悪くも大きいので、慎重に判断することが重要となります。

事業譲渡を利用した事業承継

　D社長は50年前にメガネの販売を業とする丙社を設立し、その事業規模を拡大させてきましたが、顧客のニーズが多様化する現代社会の情勢に合わせて、飲食業、マーケティング業及び賃貸業の各収益事業も立ち上げました。

　しかし、半世紀に亘って経営の最前線で戦ってきたD社長は、今後も健康でいる限りは仕事を続けたいと考える一方で、老後は穏やかで安定した生活を送りたいとも考えており、安定した穏やかな生活を送るため、老後でもあまり負担にならない賃貸業のみを継続し、その他の事業は後継者に譲りたいと考えるようになりました。

　そこで、D社長はこのような要望を顧問税理士に相談したところ、社長の要望を叶える手段として、事業譲渡による事業承継の方法を提案されました。

　果たして、事業譲渡による事業承継とは、どのような方法でしょうか。

(1)　事業譲渡とは？

　事業譲渡とは、譲渡会社が行う事業の一部または全部を他人に譲渡することをいいます（会社法467条）。ごく簡単に言えば、当該事業を売買するということです。

　ここにいう「事業」とは、一定の事業目的のために組織化され、有機的一体として機能する財産（得意先関係等の経済的価値のある事実関係を含む。）の全部または重要な一部をいうものと解されており（最判昭和40年9月22日判時421号31頁）、会社所有の不動産や動産類といった事業用財産とは別の、人材や取引先との関係、ブランド等を含むあらゆる財産のことを意味します。

　事業譲渡の方法は以下のとおりです。

⑵　事業譲渡を利用した事業承継の方法

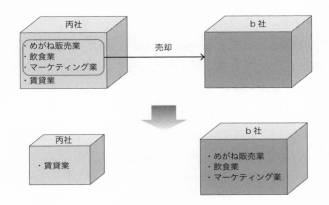

　既に述べたとおり、事業譲渡は売買契約ですから、当事者間の契約で譲渡する範囲を定めて行い、当事者間で合意されないものについては譲渡の対象となりません。

　事業承継を目的とする事業譲渡の場合、既存の事業全てを第三者に承継してしまうこともあれば、任意の一部の事業のみを承継させることも可能です。

　譲受会社の候補がいない場合には、本章3⑵に記載した内容と同じ流れを辿って譲受会社を選定して事業譲渡契約の締結に進みます。当事者間の合意成立後、譲渡会社は、原則として、事業譲渡の効力が生じる日の前日までに株主総会の特別決議による承認を得なければならず（会社法467条1項）、反対する株主がいる場合には、株式買取請求に応じる必要があります（会社法469条、同470条）。

　また、事業譲渡の対象に含まれる譲渡会社の債務については、譲受会社が一手に引き受ける場合（これを「免責的債務引受」といいます。）と譲渡会社と譲受会社が連帯して債務を負う場合（これを「並存的債務引受」といいます。）がありますが、免責的債務引受の場合、債権者を

害する可能性があることから、各債権者から個別に同意を得る必要があります。

(3) メリット・デメリット

■ ア　メリット

事業譲渡は、承継させる範囲を選別することができますので、当事者間のニーズに合った承継を実現させやすいですし、対象外の債務が承継されることはありませんので、譲受会社はデューデリジェンスに要する時間や費用を節約させることも可能であり、後になって帳簿外の債務を遮断することができる点にメリットがあるといえます。

譲渡会社としても、事業譲渡後も法人格は依然として存在し続けますので、歴史や伝統のある法人格を消滅させずに事業を承継させることができますし、中核事業ではない負担の少ない一部の事業を残すことで譲渡後の経営者の収入源を確保する方法を採ることもできます。

また、当事者はあくまで譲渡会社（法人）ですので、事業譲渡契約とは別個に合意しない限り、事業承継後に経営者が表明保証等の責任を負わされることはありません。

■ イ　デメリット

他方、譲渡の対象範囲に人材（従業員）や取引先との契約関係が含まれている場合には、それぞれ個別に了解を得る必要がありますし、許認可が必要な事業の場合には、譲受会社が改めてその許認可を得なければならないことが多いですので、譲受を完了させるための手続が煩雑になる難点があります。

また、譲渡会社には、原則として競業避止義務が生じますので（会社法21条）、事業譲渡後の事業活動に一定の制限が生じます。

さらに、上述したとおり、当事者は企業ですので、経営者はその対価を直接得ることはできませんし、その対価を得るために剰余金の配当等

の手続をした場合にも総合課税が課されます。

　また、譲渡会社に対しては譲渡益への法人税等が課税されるといった難点もあります。

■ ウ　事業承継としての評価

　上記のとおり、事業譲渡にはデメリットも少なからず存しますが、譲渡の対象範囲を限定することができますので、合併先がないような経営状況が深刻な企業が事業承継を行うことのできる方法として広く利用されています。

　したがって、経営状況が深刻で、かつ、後継者もいないような会社であっても、有益な事業を有する場合には、本章8で詳述する残存事業の債務整理の問題と併せて検討することで、承継の活路を見出すことができる方法の一つといえます。

5 会社分割を利用した事業承継

事例

　E社長は50年前にメガネの販売を業とする丁社を設立し、その事業規模を拡大させてきましたが、顧客のニーズが多様化する現代社会の情勢に合わせて、飲食業、マーケティング業及び賃貸業の各収益事業も立ち上げました。

　しかし、半世紀に亘って経営の最前線で戦ってきたE社長は、今後も健康でいる限りは仕事を続けたいと考える一方で、老後は穏やかで安定した生活を送りたいとも考えており、安定した穏やかな生活を送るため、老後でもあまり負担にならない賃貸業のみを継続し、その他の事業は後継者に譲りたいと考えるようになりました。

　この点に関しては、顧問税理士から事業譲渡による事業承継を勧められたこともありましたが、事業譲渡の方法では、各事業に従事する従業員や取引先から個別に同意を得なければならず、その手続が億劫になって頓挫していました。

　そこで、顧問税理士はE社長に対し、事業譲渡に代わる手段として、会社分割による事業承継の方法を提案しました。

　果たして、会社分割による事業承継とは、どのような方法でしょうか。

(1) 会社分割とは？

　会社分割とは、ある会社（分割会社）がその事業に関して有する権利義務の全部または一部を他の会社に承継させることをいい、既存の会社（承継会社）がその権利義務を承継するものを吸収分割といい（会社法2条29号）、会社分割により新たに設立する会社が分割会社から権利義務を承継するものを新設分割といいます（同条30号）。

　権利義務の一部または全部を承継する点では事業譲渡と同じですが、

会社分割の場合、対象となる事業が包括承継されることとなりますので、個別の了解を取ることなく承継します。

以下では、まず、典型的な吸収分割を例に説明し、本項の末尾で新設分割についても簡単に説明します。

(2) 吸収分割を利用した事業承継の方法

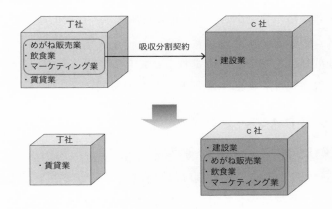

承継会社の候補がいる場合にはその候補と分割契約の締結に向けて、承継会社の候補がいない場合には本章3で述べた合併と同様の流れによって候補先を選定した上で交渉を進め、吸収分割契約を締結します（会社法757条）。

合併契約と同様、吸収分割においても、その契約において会社法758条1項記載の各事項は必ず定めなければなりません。

また、吸収分割契約締結後、分割会社と承継会社はいずれも吸収分割契約の内容や吸収分割の対価の相当性に関する事項等を記載した書面等を本店に備え置き、各会社の株主及び債権者の閲覧等に供する必要があるほか（会社法782条、同法794条及び同法施行規則182条）、関係者に対する通知・催告や公告（株主について会社法785条3項、同4項、同797条3項及び同4項、債権者について会社法789条2項、同3項、同799条2項及び同3項）や、原則として株主総会の特別決議を経る必

要がある（会社法783条、同795条）ことも合併と同様です。

(3)　組織再編税制

　上記3(3)で述べましたが、合併と同様に会社分割においても一定の要件を満たす適格分割の場合は非適格分割の場合と比較して課税関係が大きく異なります。

　適格・非適格の判定が要件の充足の有無を以て自動的に判定されることも合併と同様です。

　詳細な要件は、法令に記載されたとおりです（法人税法2条12の11号、法人税法施行令4条の3第5項〜同8項参照）。

(4)　メリット・デメリット

■　ア　メリット

　既に述べたとおり、会社分割は包括承継である点で事業譲渡とは異なりますので、承継に際して対象事業に属する従業員や取引先等の個別の同意が不要です。

　また、分割の対価に制限はありませんが、その対価を株式として税制適格要件を満たす場合には、承継会社は法人税法上の優遇措置を受けることができますし、対価となった株式の交付に関して消費税は課されませんので、分割会社にも節税効果があります。

■　イ　デメリット

　包括承継の点では合併と同様ですが、事業の全部を分割したとしても分割会社の法人格は消滅しませんので、事業承継後に経営者は別途分割会社の清算手続等をする必要があるという難点があります。

　また、分割の対価は、承継会社の株式であることが一般的ですが、承継会社が非公開会社の場合は、取得した株式の換金が困難であったり、分割の対価を現金としたとしても、それを取得するのは承継会社ですから、経

営者がこの対価を現実に取得するためには、剰余金の配当等の手続を行う必要があり、その際には総合課税となる等の難点も挙げられます。

■ウ　事業承継方法としての評価

　以上のとおり、会社分割は組織再編行為として有用な一面もありますが、事業承継の方法として考えた場合、手続の煩雑さ等から敬遠されることが多く、一般的な事業承継方法とまでは言い難いというのが現状です。

(5)　新設分割を利用した事業承継の方法

　最後に、新設分割を利用した事業承継の方法について簡単に説明します。冒頭で説明したとおり、新たに設立する会社が譲渡会社の権利義務を承継するものを新設分割といいます。

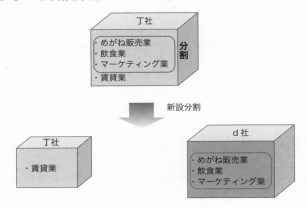

　新設分割の場合、新設分割計画を作成する必要があります（会社法762条、同763条）。その他、株主総会の特別決議を経ること（会社法804条）や新設分割に関する書面等を本店に備え置くこと（会社法803条）等の諸手続については吸収分割と同様の定めがあります。

　新設分割は、複数いる後継者それぞれに事業を承継させる場合や、後継者が単独の場合にまずは新設分割した会社の経営を任せる等して経験を積ませる場合等に有用な方法といえます。

株式交換・株式移転を利用した事業承継

事例

　F社長は、50年前に戊社を設立し、その事業を拡大させ続けてきました。F社長の努力は実り、戊社の経営も順調でしたが、F社長には親族がおらず、経営を任せられるような部下もいません。

　F社長としては、後進に道を譲った後はきっぱりと経営から身を引きたいと考えていましたが、F社長にとって「戊社」は半世紀に亘って心血を注いだ我が子同然の存在ですので、今後も「戊社」の存続を第一に考えています。

　また、F社長は、戊社の更なる発展のためには、他企業との提携も必要であると考えています。

　そこで、F社長はこのような要望を顧問税理士に相談したところ、F社長の要望を叶える手段として、株式交換による事業承継の方法を提案されました。

　果たして、株式交換による事業承継とは、どのような方法でしょうか。

(1)　株式交換・株式移転とは？

　株式交換とは、ある株式会社がその発行済株式の全部を他の会社に取得させることをいいます（会社法2条31号）。

　簡単に言えば、譲渡会社の発行済株式の全部を既存の譲受会社に取得させ、譲渡会社が譲受会社の完全子会社になるということです。

　似たような法的効果を発生させる方法として、株式移転というものがあります（会社法2条32号）。

　株式移転は、1または2以上の株式会社がその発行済株式の全部を新たに設立する株式会社に取得させるものであり、譲受会社が既存の会社ではなく、新設する会社である点で株式交換と異なります。

　株式移転は、持株会社を形成する際によく用いられる方法であり、この点については本章1で述べましたので、以下では、株式交換について述べます。

(2)　株式交換を利用した事業承継の方法

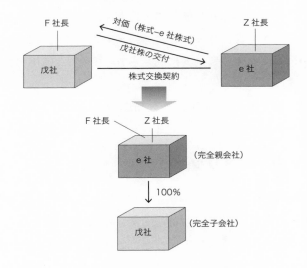

　基本的には、合併や株式分割と同様、譲受会社の候補がいる場合にはその候補と交換契約の締結に向けて、譲受会社の候補がいない場合には候補先を選定した上で交渉を進め、株式交換契約を締結します（会社法767条）。

　合併や会社分割と同様、株式交換においても、その契約において必ず定めなければならない事項があります（会社法768条1項）。

　また、合併や分割と同様の法規制〔株式交換契約締結後の契約内容等を記載した書面等を本店に備え置いて当事各会社の株主及び債権者の閲覧等に供する必要があること（会社法782条、同法794条及び同法施行規則182条）、関係者に対する通知・催告や公告（株主について会社法785条3項、同4項、同797条3項及び同4項、債権者について会社法

789条2項、同3項、同799条2項及び同3項)、原則として株主総会の特別決議を経る必要がある(会社法783条、同795条)こと〕があります。

(3)　組織再編税制について

　既に本章3(3)で述べたとおり、株式交換も組織再編行為ですので、一定の要件を満たす適格株式交換の場合は非適格株式交換の場合と比較して課税関係が大きく異なりますし、適格・非適格の判定が法定の要件を充足するか否かによって自動的に判定されることも合併や会社分割の場合と同様です。

　適格株式交換となるための要件は、法人税法2条12の17号並びに法人税法施行令4条の3第17項～同20項に定められています。

(4)　メリット・デメリット

■ ア　メリット

　株式交換の場合、譲渡会社は譲受会社の完全子会社とはなりますが、合併と違って法人格は消滅しませんし、会社分割と違って中核事業も元の法人格に残ったままとなり、譲渡会社の法人格や人材・取引先は何ら変化はありませんので、会社組織を維持したまま事業承継させることができる点はメリットがあるといえます。

　また、合併や会社分割と異なり、譲渡会社の株主に対してみなし配当課税がされることはありませんし、株式交換の対価として譲受会社または譲受会社の完全親会社の株式のみが交付される場合には、当該譲渡益への課税もされないという面があります。

　その他、株式交換によって譲渡会社は譲受会社の傘下に入りますので、ブランド力の強化やシナジー効果を期待できる側面もあります。

■ イ　デメリット

　他方、適格要件を満たさない株式交換の場合、譲渡会社の繰越欠損金

の利用の制限を受ける場合があるので（法人税法57条の2、法人税法令113条の2第5項参照）、注意が必要です。

　また、譲受会社は、譲渡会社の偶発債務等を承継するリスクがありますので、慎重な判断が求められます。

■ ウ　事業承継としての評価

　以上のとおり、事業承継の方法として株式交換を利用する方法がありますが、譲受会社が負うリスクや手続の煩雑さもあって、事業承継の方法として株式交換による事業承継が選択される事例は多いとはいえません。

7 従業員持株会を利用した事業承継

事例

　G社長は、己社を設立後、順調に事業を拡大させ、それに伴って社員も順調に増えていきました。

　G社長としては、基本的には己社の経営はG社長の子どもに任せたいと考えてはいるものの、一方で、今後は、経営陣も社員も一丸となって己社の発展に寄与してもらいたいと考えており、社員も己社の一員であることを自覚し、事業拡大の喜びを感じてもらいたいと考えていました。

　そこで、G社長はこのような要望を顧問税理士に相談したところ、G社長の要望を叶える手段として、従業員持株会を利用した事業承継の方法を提案されました。

　果たして、従業員持株会を利用した事業承継とは、どのような方法でしょうか。

(1) 従業員持株会とは？

　従業員持株会とは、会社内の複数の従業員が自社株の取得を目的として設立する組織のことです。法律上は組合（民法667条1項）に分類され、主として従業員の福利厚生のために設立されることが多いものです。

　持株会の入会者たる従業員は、持株会に対してそれぞれ資金を拠出し、その資金を使って持株会が自社株を取得します。持株会は当該株式の配当金を入会者に対してその持分に応じて配分しますから、（本章2の一般社団法人とは異なり、民法上の組合は法人格がなく、権利能力はありませんので、従業員持株会の理事長が一括して管理を行うのが一般的です。）、入会者としては、会社業績が好調になればなるほど、配当としてその利益が自分に還元されることになり、勤労意欲の向上や福利厚生に資することになります。

　後継者が事業を承継する際の株式の贈与税または相続税は、株式の評価額とその株式数によって算定されますから、経営者が予め承継の対象となる株式数を減少させておけば、後継者の負担する税負担も軽くなります。

　ただし、非公開会社の場合、市場で現金化することが困難な株式を購入する人は中々いないのが現状ですし、経営者としても全く見ず知らずの第三者が株主として経営に関与してくることは避けたいところです。

　そこで、素性の知れた従業員によって構成される従業員持株会を利用することによって、上記問題を解決することができます。

(2)　従業員持株会を利用した事業承継の方法

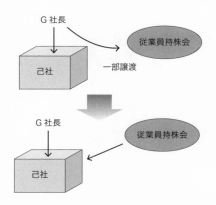

　従業員持株会がない場合には、その設立から準備をする必要があります。従業員持株会の規約を作成し、会員を従業員に限ること等を定めるほか、取得対象となる株式に関する事項、従業員持株会内の意思決定に関する事項、拠出金や払戻に関する事項、入退会に関する事項等を定める必要があります。

　従業員持株会からの自社株の持出を禁止し、退職時には自社株を持株会が買い取る旨規定すれば、株式が第三者に分散する恐れはなくなりますし、持株会が買取価格も予め定めておけば予想外の出捐を余儀なくさ

197

れることもなくなります。

　従業員持株会の整備完了後、経営者は、持株会社に対し、保有する株式の3分の1未満を目安に譲渡することにより、会社支配権を維持しつつ、承継財産の圧縮を実現することができます。

(3)　メリット・デメリット

■ ア　メリット

　従業員持株会を利用するメリットとしては、従業員持株会に対する株式譲渡の場合、株価評価については例外的な評価方法である配当還元方式によることができるので、譲渡益をゼロまたは限りなく低額にすることが可能であることから、譲渡所得課税を節税することができる点が挙げられます。

　また、従業員持株会の構成員は現従業員に限定することができますので、経営者の意思に反するような議決権行使をされる可能性はあまりなく、株主構成も安定させることができる点にメリットがありますし、入会した従業員は、会社業績が好調になればなるほど、配当としてその利益が自分に還元されることになりますから、張り切って業務に取り組むことが期待されます。

■ イ　デメリット

　他方、デメリットとしては、従業員持株会への入会は従業員の自由意思に委ねられますが、従業員持株会が組合である以上、最低2名以上の構成員がいなければなりませんので、構成員の年齢層や入会計画等、持続可能性には常に注意を払う必要があるということです。

　また、従業員持株会の実態がなく、形骸化している場合には、従業員持株会に対する経営者からの株式譲渡が税務上否認される可能性もありますし、それが隠ぺい・仮装行為であるとされれば重加算税の対象となることもありますので、規約どおりに従業員持株会を運営し、その際に

は資料の作成や保存をしておくことといったことが求められます。

さらに、経営権の維持のため、経営者の保有する株式の大半は経営者が保有し続けるため、後継者がいないような場合の根本的な事業承継対策にはならないという点が挙げられます。

ウ 事業承継方法としての評価

以上のとおり、後継者候補がある程度決まっているような場合の事業承継対策の一環として従業員持株会を利用することを検討することは有益ですが、後継者不足に悩む経営者の事業承継対策にはなりませんので、その点は注意が必要です。

8 一部承継・売却と廃業併用型の事業承継

事例

　H社長は50年前にメガネの販売を業とする庚社を設立し、その事業規模を拡大させてきましたが、顧客のニーズが多様化する現代社会の情勢に合わせて、飲食業、マーケティング業及び賃貸業の各収益事業を立ち上げました。

　しかし、H社長の経営感覚が鈍ってきたのか、どの事業も段々と振るわなくなってきてしまいました。

　H社長としては、せっかくここまで拡大させた各事業ですから、取り返しのつかない事態になる前に志ある者に後進を譲り、自身は経営の一切から直ちに身を引くことにしました。

　H社長から相談を受けた顧問税理士は、後継者探しに奔走しましたが、飲食業や賃貸業、マーケティング業の承継候補者に目途は立ったものの、本業のメガネの販売業については、承継の候補者を見つけることができませんでした。

　そこで、顧問税理士はH社長に対し、飲食業や賃貸業、マーケティング業についてはそれぞれ承継させ、残ったメガネの販売業については廃業することを提案しました。

　果たして、一部承継と残部の廃業とは、どのようなものでしょうか。

(1)　一部承継・売却と廃業併用型

　これまで様々な事業承継の方法を見てきましたが、このうち、事業譲渡の方法による場合と会社分割による事業承継の場合、たとえその全部の事業を譲受会社に譲渡したとしても、譲渡会社の法人格は残り続けますので、この法人の後処理をどうするのか、という点は予め考えておく必要があります。

　経営者としては、譲渡（分割）後も引き続き譲渡会社を存続させて事業を継続するか、あるいは、譲渡会社を廃業するか、どちらかを選択することになります。前者を選択する場合には、譲渡会社に残った事業を継続したり新しい事業を展開したりすればいいので、特に大きな問題は発生しません。

　しかし、承継しきれなかった事業が残存し、その事業を継続するつもりもない場合には、相続人に負担をかける前に後者を選択して自分の代できちんと整理をすることが望ましいといえます。

　そこで、以下では、その廃業方法を簡単にご説明します。

⑵　廃業方法

■ア　会社の法人格を消滅する方法

　会社の法人格を消滅させるには、会社を解散させる必要があります（会社法471条）。

　会社の解散事由は、会社法471条各号に定められていますが、本書では、廃業方法として代表的な2つの方法（清算手続と破産手続）をご紹介します。

■イ　清　算

　株主総会の特別決議によって会社の解散が決議されると、会社は解散します（会社法471条3号、309条2項11号）。

　ただし、株主総会の特別決議によって当該会社の法人格が自動的に消滅してしまえば、会社に関与する様々な利害関係者に不測の損害を与えるおそれがありますので、解散の決議後に会社の法律関係を整理する手続が必要となります。その手続のことを清算といいます（会社法475条1号）。

　清算は、通常清算（会社法475条以下）と特別清算（会社法510条以下）があります。特別清算は、清算の遂行に著しい支障を来たすべき事情が

あるか、債務超過の疑いがある場合（会社法510条）に裁判所の監督下で行われる手続です。原則として清算人が清算事務を行うことや債権者の多数が同意した協定（会社法563条）に従って弁済が行われる等、破産手続よりも迅速かつ安価に行うことが可能な特徴がありますが、実際には破産手続によることが多いため、本書ではその詳細は割愛します。

通常清算の手続は、資産超過の会社が行う手続であり、裁判所は関与せずに清算人が進めます（会社法477条1項）。

具体的な流れとしては、以下のとおりです。

① 　清算人の選任（原則として取締役が就任。会社法478条1項1号）

② 　解散登記（会社法926条）

③ 　債権届出（官報公告、会社法499条1項）

④ 　現務の結了（会社法481条1号）

⑤ 　解散時の財産目録等の作成・株主総会の承認（会社法492条）

⑥ 　財産の換価（会社法481条参照）

⑦ 　債権取立て・債務の弁済（会社法481条2号）

⑧ 　残余財産がある場合の株主へ配当（会社法481条3号、同504条）

⑨ 　最終的な決算報告・株主総会の承認（会社法507条）

⑩ 　清算結了の登記（会社法929条1号）

⑪ 　帳簿資料の保存（10年間、会社法508条）

■ ウ 破 産

破産手続は、債務超過または支払不能状態にある場合に、裁判所によって選任された破産管財人が裁判所の監督下で破産法に規定された手続に従って行われます。

破産管財人の具体的な事務は、通常清算と概ね同じ流れになりますが、登記については裁判所書記官が職権で行いますので、債務者（会社）が行う必要はありません（破産法257条1項、同条7項）。

(3) 注 意 点

　後継者のいない企業においては、その事業の一部を承継・売却した上で残った事業とともにその法人を廃業するという方法を選択せざるを得ないこともあろうかと思います。

　ただし、譲渡会社の事業について都合のいい部分のみを承継・売却し、都合の悪い部分のみを残して廃業させることが無制限にできるとすれば、当然、債権者の利益は害されてしまいます。

　したがって、債権者の保護のため、詐害的な会社分割や事業譲渡について、残存会社の債権者は、譲受会社に対して承継した財産の価額を限度として、その債務の履行を請求することができますし（会社分割につき会社法759条4項・同764条4項、事業譲渡につき同23条の2第1項）、その他、詐害行為取消権（民法424条）の行使（最判平成24年10月12日民集66巻10号3311頁）や法人格否認の法理の適用（東京地判平成24年7月23日金判1414号45頁）、破産時の否認権の行使（破産法160条以下、東京高判平成24年6月20日判タ1388号366頁）等によって分割や譲渡の効果を否定されることがありますので、注意が必要です。

（1）　規定の概要

　最後に、行為計算否認規定について述べたいと思います。

　法人税法132条乃至同条の3では、同族会社や組織再編、連結法人に関し、法人税の負担を不当に減少させる結果となると認められるものがあるときは、その行為又は計算にかかわらず、税務署長の認めるところにより、その法人に係る法人税の課税標準若しくは欠損金額又は法人税の額を計算することができる旨定められています（相続税法64条や所得税法157条にも同様の規定があります。）。

　簡単に言えば、この条文の対象となる行為については、法律の規定に則って行った取引行為であっても、不当な税負担の軽減効果が生じる場合には、当該行為が否定されるということです。

　この点について、如何なる行為が「不当」と評価されるのか、具体的な基準が法令上明らかでないため、その適用範囲が問題となります。

（2）　裁判例の紹介

　法人税法132条1項の同族会社の行為計算否認規定に関し、最高裁は、「不当に減少させるもの」か否かは、専ら経済的、実質的見地において当該行為又は計算が純粋経済人として不合理、不自然なものと認められるか否かという客観的、合理的基準に従って判断すべきものと判示しています（最判昭和53年4月21日訟務月報24巻8号1694頁、最判昭和59年10月25日第一小法廷判決集民143号75頁）。

　その後、東京高裁は、上記基準から更に踏み込み、「不当」の中には「独立かつ対等で相互に特殊関係のない当事者間で通常行われる取引（独立当事者間の通常の取引）と異なっている場合を含むものと解するのが相

当であり、このような取引に当たるかどうかについては、個別具体的な事案に即した検討を要するものというべきである。」と判示しました〔この事案では、結論としては同条の適用が否定されています（東京高判平成27年3月25日判時2267号24頁、上告受理申立て棄却：最決平成28年2月18日税資266号）。〕。

　また、直近の裁判例でも、「不当」の判断基準に関し、上記の最高裁判例の規範を定立しつつ、「仮に、税務署長が法人税法132条1項の適用に当たり、会社の経営判断の当否や、当該行為又は計算に係る経済的合理性の高低をもって「不当」か否かを判断することができるとすれば、課税要件の明確性や予測可能性を害し、会社による適法な経済活動を萎縮させるおそれが生じるといわざるを得ない。したがって、当該行為又は計算が当該会社にとって相応の経済的合理性を有する方法であると認められる限りは、他にこれと同等か、より経済的合理性が高いといえる方法が想定される場合であっても、同項の適用上「不当」と評価されるべきものではない。そして、同族会社にあっては、自らが同族会社であることの特性を活かして経済活動を行うことは、ごく自然な事柄であって、それ自体が不合理であるとはいえないから、同族会社が、自らが同族会社でなければなし得ないような行為や計算を行ったとしても、そのことをもって直ちに、同族会社と非同族会社との間の税負担の公平が害されることとはならない。以上を踏まえると、同族会社の行為又は計算が経済的合理性を欠くか否かを判断するに当たっては、当該行為又は計算に係る諸事情や当該同族会社に係る諸事情等を総合的に考慮した上で、法人税の負担が減少するという利益を除けば当該行為又は計算によって得られる経済的利益がおよそないといえるか、あるいは、当該行為又は計算を行う必要性を全く欠いているといえるかなどの観点から検討すべきものである。」と判示し、法人税法132条1項の適用を否定しています（東京地判令和元年6月27日、控訴中）。

(3) ま と め

　以上のとおり、最高裁が定立した規範から踏み込んだ判断基準はいずれも下級審による事例判断ですが、これまでの判例の内容に鑑みれば、経済合理性がなく、専ら税負担の軽減を目的とする方法については同条が適用されることは明らかです。

　経営者においては、税負担をできる限り軽減させた上で事業承継を実現させたいと考えがちなところではありますが、税負担の軽減を主たる目的とした事業承継を強行してしまえば、後にこれを否定されてしまうリスクさえあります。

　これまで愛着を持って経営してきた会社を後進に譲るわけですから、どのような形で承継することが会社や残された者にとって幸せか、承継後の事業の在り方をよく考え、明確な目的を持って事業承継の方法を決定することが重要といえるでしょう。

第8章

M & A

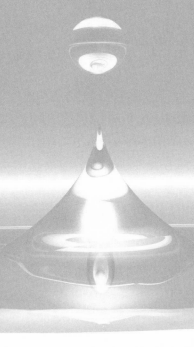

1 事業承継におけるM&Aの意義

中小企業が事業承継を行う場合、まず親族への承継（親族内承継）や役員・従業員への承継（会社内承継）を検討することが多いと思いますが、親族や役員・従業員に承継候補者がいない場合、M&Aによる社外への承継（会社外承継）を検討する必要があります。

中小企業の経営者にとってM&Aは未だ馴染みの薄いものであり、M&Aによる事業承継に躊躇する中小企業も少なくないと思いますが、親族や役員・従業員に承継候補者がいない中小企業において、社外の第三者に事業を譲り渡して存続させることは、従業員の雇用の維持、取引先（仕入先、得意先等）との関係を継続させ地域のサプライチェーンを支えるという意義を有しているといえます。

また、中小企業のオーナー経営者自身は、事業を社外に承継させることで譲渡対価を取得することができ、事業承継後にリタイアを考えている場合には、今後の生活資金を確保することができます。

もっとも、社外の第三者が事業を承継する場合には、当該第三者にとって事業を承継することによるメリット（金銭的なもの、事業承継後のシナジー効果など）がなければなりませんし、仮に第三者に事業を承継するメリットがあるとしても取引条件（譲渡価格など）が合致しなければ成約につながらない可能性があります。

また、M&Aによる事業承継を検討する場合には、財務、法務、税務等に関する専門的な知識が必要であることから、早い段階で専門家に相談することが望ましいといえます。

2 事業承継におけるM&Aの手法

(1) 株式譲渡

　対象会社の株主（オーナー）が所有する株式を第三者に譲渡することで、譲渡企業の所有を承継させる手法です。

　株式譲渡の場合には、対象会社の所有者（及び経営者）が変わるのみであり、事業を行う主体（会社）に変更はありません。そのため、商号、会社の内部関係（従業員との労働契約等）、会社の債権債務、第三者（取引先等）との契約、事業継続に必要となる許認可等は原則として従前通り存続します。

　株式譲渡は、原則として当事者間での株式譲渡契約書の締結のみで取引を完了することができ、会社分割や合併等で必要となる債権者保護手続は不要です。

(2) 事業譲渡

　対象会社が有する事業の全部又は一部を、第三者に譲渡することにより、事業を承継する手法です。事業譲渡のイメージ図については、本書の第7章をご参照ください。

　事業譲渡は、譲渡対象となる事業に関する資産、負債、契約関係その他権利義務が当然に譲受企業に承継されるものではなく、個別に移転させるため、債権債務、契約関係、雇用関係、許認可等について、個別の承継手続（例えば、取引先・従業員の同意）をとることが必要です。

　事業譲渡は、当事者間での事業譲渡契約書の締結のみで取引を完了することができ、会社分割や合併等で必要となる債権者保護手続は不要です。

⑶　会社分割

　対象会社が、その有する事業に関する権利義務の全部又は一部を、既存の会社又は新たに設立する会社に承継させる手法です。

　既存の会社に承継する場合を吸収分割、新たに設立する会社に承継させる場合を新設分割といいます。会社分割のイメージ図については、本書の**第7章**をご参照ください。

　会社分割の場合、分割対象となる事業に関する資産、負債、契約関係その他権利義務は、分割契約の定めに従って原則として譲受企業に包括的に承継され、個別の承継手続は不要です。

　吸収分割の場合は、当事者間で吸収分割契約書を締結します。他方、新設分割の場合は、対象会社が新設分割計画を策定し、同計画に基づき設立される新会社に事業が承継されます。

　会社分割では、利害関係人の同意なく事業に関する権利義務の移転を行うことができるので、債権者保護手続等を実施することが必要になります。

⑷　合　　併

　2つ以上の会社が契約によって結合して1つの会社となる手法です。

　合併契約により一方の会社のみが消滅し、消滅会社の権利義務が、存続するもう一方の会社に承継される場合を吸収合併、合併契約により当事会社がすべて消滅し、新しく設立した会社に消滅会社の権利義務が承継される場合を新設合併といいます。合併のイメージ図については、本書の**第7章**をご参照ください。

　合併により、消滅会社の権利義務の一切は存続会社（又は新設会社）に承継され、個別の承継手続は不要です。

　吸収合併の場合は、当事者間で吸収合併契約書を締結します。他方、新設合併の場合は、承継対象会社が新設合併計画を策定し、同計画に基

づき設立される新会社に事業が承継されます。

　合併では、利害関係人の同意なく消滅会社の一切の権利義務の移転を行うことができるので、債権者保護手続等を実施することが必要になります。

⑸　各手法の比較

　事業承継の方法としては、株式譲渡が最も手続として簡便であり、対象会社のオーナーが対価を直接取得できることから、中小企業の事業承継において多く利用されているように思います。

　もっとも、事業の承継対象という観点から見ると、株式譲渡では全ての事業を承継対象とするので、事業の一部を承継したい場合や簿外債務や偶発債務を承継したくないとの譲受企業のニーズがある場合には、事業譲渡や会社分割が手法として向いているといえます。

　事業譲渡と会社分割は、承継対象を限定できるという共通点がありますが、個別の承継手続を要するか否という相違点があります。そのため、承継したい取引関係や負債等について利害関係人からの同意を得ることが困難な場合には、会社分割が手法として向いているといえます。対象会社の許認可についても、事業譲渡の場合には承継されませんが、会社分割では承継できる許認可もあります。

　合併については、中小企業の事業承継の場面において利用されることは多くありませんが、細分化された同族会社等を整理する場合に利用されることがあります。

	事業主体	承継対象	対価の取得者	取引先との関係	従業員の雇用関係
株式譲渡	変更なし	全ての事業	対象会社株主	COC条項[※1]等がない限り、承継	承継
事業譲渡	変更あり	事業の一部の譲渡も可能	対象会社[※2]	個別の承継手続が必要	個別の承継手続が必要
会社分割	変更あり	事業の一部の譲渡も可能	対象会社[※2]	COC条項等がない限り、承継	承継（但し、労働契約承継法の手続を要する）
合　　併	変更あり	全ての事業	対象会社株主	COC条項等がない限り、承継	承継

※1　チェンジオブコントロール（COC：Change of control）条項とは、M&Aなどを理由として契約の一方当事者に支配権の変更、つまり経営権の移動が生じた場合、相手方が契約を解除することなどの権限を認める条項をいいます。

※2　対象会社の株主が対価を取得するためには、株主が対象会社から配当を受ける、対象会社を清算して残余財産の分配を受ける、株主が対象会社の役員である場合に退職慰労金の交付を受けるなどの方法が必要です。

3 M&Aのプロセス

(1) プロセス

　M&Aのプロセス、及び各プロセスにおいて関与しうる支援機関（専門家）は、以下のとおりです。

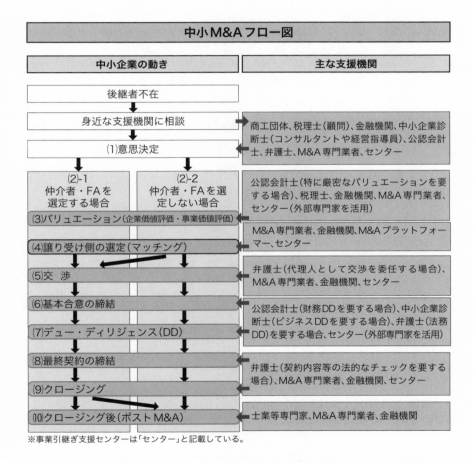

中小M&Aフロー図

中小企業の動き	主な支援機関

後継者不在

身近な支援機関に相談 ← 商工団体、税理士（顧問）、金融機関、中小企業診断士（コンサルタントや経営指導員）、公認会計士、弁護士、M&A専門業者、センター

(1)意思決定

(2)-1 仲介者・FAを選定する場合	(2)-2 仲介者・FAを選定しない場合

(3)バリュエーション（企業価値評価・事業価値評価） ← 公認会計士（特に厳密なバリュエーションを要する場合）、税理士、金融機関、M&A専門業者、センター（外部専門家を活用）

(4)譲り受け側の選定（マッチング） ← M&A専門業者、金融機関、M&Aプラットフォーマー、センター

(5)交渉 ← 弁護士（代理人として交渉を委任する場合）、M&A専門業者、金融機関、センター

(6)基本合意の締結 ← 公認会計士（財務DDを要する場合）、中小企業診断士（ビジネスDDを要する場合）、弁護士（法務DDを要する場合、センター（外部専門家を活用）

(7)デュー・ディリジェンス（DD）

(8)最終契約の締結 ← 弁護士（契約内容等の法的なチェックを要する場合）、M&A専門業者、金融機関、センター

(9)クロージング

(10)クロージング後（ポストM&A） ← 士業等専門家、M&A専門業者、金融機関

※事業引継ぎ支援センターは「センター」と記載している。

（出典）中小企業庁「中小M&Aガイドライン―第三者への円滑な事業引継ぎに向けて―」（令和2年3月）

⑵　仲介者・FAの選定及び契約締結

　M&Aによる事業承継を行う場合、承継先の候補者を探す必要があります し、M&Aには専門的知識を必要とします。そのため、専門的なノ ウハウを有する仲介者[11]やFA（フィナンシャル・アドバイザー）[12]（以 下「仲介者等」といいます）を選定してM&Aを進めていくこともあり ます。

　仲介者等の候補としては、民間のM&A専門業者、取引金融機関、士 業等専門家（弁護士、公認会計士、税理士、中小企業診断士等）、及び 公的機関である事業引継ぎ支援センターなどが考えられます。譲受企業 が決まっている場合には、顧問税理士や顧問弁護士がアドバイザーと なって主導していくケースもあります。

　仲介者等の選定にあたっては、業務形態（仲介者かFAか）や業務範 囲（前頁M&Aのフロー図のどの段階までが業務範囲となっているか）、 契約期間、報酬体系、M&A取引の実績等を確認した上で、複数の仲介 者等の中から比較検討して決定することが大切です。

　仲介者とFAのそれぞれの業務形態の特徴としては、仲介者は、譲渡 企業と譲受企業の双方と契約を締結するため双方の状況が見えやすく、 M&Aの実行に向けて円滑な手続が期待できるので譲渡企業が譲渡額の 最大化だけを重視するのではなく、円滑に手続を進めることを目的とす る場合に適しているということがいえます。

　また、譲渡企業の事業規模が小さく支援機関に対して単独で手数料を 支払うだけの余力が少ないものの、できるだけ支援機関のフルサービス を受けたいときには仲介者が適しています。

　他方、FAは、アドバイザーが譲渡企業か、譲受企業のどちらの一方

---

[11]　仲介者は、譲渡企業と譲受企業の双方との契約に基づいてマッチング支援等を行いま す。
[12]　FAは、譲渡企業と譲受企業のどちらか一方と契約に基づいてマッチング支援等を行 います。

と契約を締結するため、契約者の利益に忠実な助言・指導等を期待でき
ますので、譲渡企業が譲渡額の最大化を特に重視し、厳格な入札方法に
よる譲渡を希望する場合に適しているといえます。

仲介者とFAには、このような相違点がありますので、それらの違い
を理解した上で、契約を締結することが必要です。

また、仲介者等に業務を依頼する場合には、会社の重要な情報を開示
することになりますので、併せて秘密保持契約書も締結します。

秘密保持契約書には、主に①どのような情報が秘密保持契約の対象と
なる秘密情報に該当するか（秘密情報の範囲）、②秘密情報が開示され
る当事者の範囲、③秘密情報をどのように扱うべきか（秘密保持義務の
内容）、④秘密情報を漏洩した場合の損害賠償責任が規定されます。

譲渡企業としては、秘密情報の範囲が広い方が情報の保護が図られ、
また秘密情報が開示される当事者の範囲が狭く、かつ、秘密情報の取り
扱いが厳格である方が情報漏洩のリスクが低くなります。

また、損害賠償責任については、「一切の損害を賠償する」と抽象的
に規定したのでは、損害額を立証できなければ損害賠償が認められない
可能性がありますので、損害賠償責任の規定については具体的な金額（又
は賠償額の算定方法）を規定しておくことも考えられます。

⑶ バリュエーション（企業価値評価・事業価値評価）

仲介者等が経営者との面談や提出資料、現地調査等によって、譲渡企
業・事業の評価を行います。

M&Aにおいて、企業価値を評価する方法は、①純資産に着目した「簿
価純資産法」「時価純資産法」、②収益やキャッシュ・フローに着目した
「収益還元法（期待される収益を現在価値に割り引いて評価する方法）」
「DCF法（期待されるキャッシュフローを現在価値に割り引いて評価す
る方法）」、③市場相場に着目した「市場株価法（評価対象会社の株式の
市場価格等を基準に評価を行う方法）」「マルチプル法（類似する上場企

業の株価や類似する取引における成立価格をベースに一定の調整をした上で評価を行う方法）」などがあります。

　もっとも、企業価値は、算定する業種や事業規模、競争環境、市場の成長性等の要因によって大きな影響を受けますし、実際の譲渡価格は、譲受企業側の資産状況やM&Aの緊急度、重要度等によっても左右されます。そのため、算定された企業価値は、あくまでもM&Aの価格交渉における目安の一つにすぎません。

　バリュエーションの際に譲渡企業が留意するべき点としては、企業にとって都合が悪い部分（簿外債務、係争の可能性等）も含めて企業の状態を正確にありのまま開示するということです。

　譲渡企業にとって都合が悪い部分を隠していて、デューデリジェンス段階で発覚した場合には、取引の破断や取引条件の見直しを余儀なくされますし、成約後に発覚した場合には、賠償問題となる可能性があります。

⑷　譲受企業の選定

　仲介者等は、通常、ノンネーム（譲渡企業が特定されないよう企業概略を簡単に要約した情報）を、数十社程度にまで絞り込んだリスト（ロングリスト）内の企業に送付し、関心を示した候補先から譲受企業となり得る数社程度をリスト（ショートリスト）化します。そして、これら候補者との間で秘密保持契約を締結して、譲渡企業についての企業概要書（譲渡企業についての具体的な情報（実名や事業・財務に関する一般的な情報）を交付し、マッチング支援を図ります。

　譲渡企業は、マッチングを希望する候補先や打診を避けたい候補先があれば事前に仲介者等に伝え、打診を行う優先順位について仲介者等と十分に協議することが大切です。

⑸　交　　渉

　譲受企業の選定が済んだら、譲渡企業と譲受企業のトップ面談が行わ

れます。このときに、譲渡企業と譲受企業の経営理念や人間性等を確認します。

トップ面談後は、M&Aの条件についての交渉を行います。交渉では、主に承継スキーム、譲渡価格、役職員の処遇、M&Aのスケジュールなどのすり合わせを行います。

(6)　基本合意書の締結

交渉によって、取引条件が概ね合意できた段階で、それらの合意内容を基本合意書として書面化します。

基本合意書締結後のデューデリジェンスによってM&Aが成立しないことや譲渡対価の減額など取引条件の変更がなされる可能性があるため、基本合意書の多くの条項には法的拘束力が認められません。

基本合意書において定めるべき事項としては、事業承継のスキーム（株式譲渡、事業譲渡等）、譲渡対価の予定額、最終契約締結までのスケジュール、遵守事項（秘密保持・独占交渉）などがあります。

(7)　デューデリジェンス（DD）

基本合意書が締結されると譲受企業において、DDが行われます。

DDとは、譲渡企業の財務・税務、法務、事業リスク等の調査です。

DDは、M&Aを実行する上での障害の有無、譲渡企業の現状の把握、譲渡金額の精査、事業承継後に想定されるリスクの把握などを目的に行われます。

どの程度の調査を行うかは譲受企業の意向によりますが、中小企業の事業承継においては、上場企業同士のM&A等のような詳細なDDが行われないことも多いです。譲渡企業としても、承継対象事業の潜在リスクも踏まえて譲受企業に事業承継してもらうことを前提に速やかな事業承継を行ってもいたいとのニーズが強いことが多いです。

DDにおける調査事項として、財務・税務に関しては、会計・税務処

理の適正性、個別資産の価値評価の妥当性、簿外債務の有無と金額、回収不能債権や貸倒懸念債権等の有無と回収見込み額などの調査が行われます。

法務に関しては、会社の設立・組織・株主（会社法上の手続の遵守など）、資産（所有権の有無、担保権の設定など）、商取引（COC条項の有無など）、法令遵守（労働関連法、知的財産関連、各種業法）、訴訟リスクなどの調査が行われます。

事業に関しては、承継対象事業の競争環境、市場環境（固有の商慣行、価格競争状況、技術革新動向、法規制の動向等）、特定企業への依存度（主要取引先、業務提携先、外部委託先等）、環境汚染等の有無（騒音、異臭、土壌汚染、水質汚濁、アスベスト、PCBなど）などの調査が行われます。

(8)　**最終契約締結**

デューデリジェンスで発見された事項を踏まえて基本合意書において留保していた事項について、再交渉を行い、最終契約を締結します。

最終契約書（本書では株式譲渡契約を前提とします。）において定めるべき事項としては、以下のようなものがあります。

① 譲渡対象となる株式の特定
② 譲渡価格
③ クロージング
④ 前提条件
⑤ 表明保証
⑥ 遵守事項
⑦ 補償条項
⑧ 解除条項
⑨ 一般条項

1つ目の譲渡対象となる株式の特定については、譲渡対象となる株式の種類（普通株式、優先株式など）と株式数（又は株式数の割合）を特

定します。

　2つ目の譲渡価格は、1株あたりの金額および譲渡合計額を規定します。また、価格調整条項を規定する場合には、①価格調整が行われる条件、②価格調整方法の規定を規定します。

　3つ目のクロージングでは、取引の実行（株式の譲渡と譲渡代金の支払い）の日時、（必要に応じて）場所を定めます。株式の譲渡と譲渡代金の支払は同時履行と明記されることが多いです。

　また、株式譲渡に関する手続について、譲渡企業が株券発行会社の場合には、株券の交付が株式譲渡の効力発生要件となりますので（会社法128条1項）、株券の引渡しについて規定します。

　4つ目の前提条件は、その条件を満たさない限り、契約当事者はM&Aのクロージング（株式の譲渡、譲渡代金の支払）の義務を負わないという条項になります。

　前提条件として規定するのは、主に①表明保証の正確性、②遵守事項の違反がないこと、③許認可の取得等、④株式譲渡の承認、⑤各種書類の提出などです。

　5つ目の表明保証条項は、一方当事者が、他方当事者に対して、一定の事項について真実かつ正確であることを表明し、保証する事項です。

　デューデリジェンスによる調査には限界がありますので、必ずしもすべての問題点・リスクを把握できるわけではありません。そこで、最終契約書には表明保証条項が規定されます。

　表明保証として定める事項としては以下のものが考えられます。

【契約当事者に関する事項】
① 契約締結及び履行に関する権利能力及び行為能力があること（法人の場合にはその前提として法人格を有すること）
② 契約締結及び履行の権限を有していること（会社法、定款等に基づく手続を履践していること）
③ 契約締結及び履行が適法であること（法令及び定款に違反するもの

ではなく、裁判所等の判決、決定、命令等に違反するものではないこと）

【株式に関する事項】

④　既に発行している株式、及び発行可能株式の種類、数

⑤　譲渡人が譲渡対象株式を適法に所有していること

⑥　譲渡対象株式以外に新株予約権等の権利設定が第三者になされていないこと

⑦　譲渡対象株式に担保権等の制限及び負担が付いていないこと

【対象会社に関する事項】

⑧　適法に設立され、現在有効に存続し、権利能力および行為能力を有していること

⑨　事業運営に必要な許認可を取得しており、有効に存続していること

⑩　計算書類（貸借対照表、損益計算表など）が財務内容を正確に表示しており、簿外債務がないこと。また、計算書類作成日から契約締結までの間に、資産及び負債について、通常の事業の遂行に伴う変動を超える大きな変動のないこと

⑪　譲渡人が開示した事実及び資料が真実かつ正確であること

⑫　弁済期の到来した債務について支払遅延がないこと

⑬　第三者の債務を保証していないこと

⑭　事業運営に必要な資産の所有権（又は使用権）を有していること、資産の毀損がないこと

⑮　知的財産権を有効に保有している（又は利用許諾を得ている）こと、第三者の知的財産権への侵害がないこと、第三者より知的財産権を侵害されていなこと

⑯　環境関連法に基づいて遵守すべき義務を遵守していること、第三者からクレームがきていないこと

⑰　事業運営に支障をきたす恐れのある法令等の違反を行っていなこと

⑱　訴訟などの法的手続が係属していないこと。また、第三者から法的な主張を受けていないこと

⑲　公租公課について適法かつ適正な申告を行い、その支払を完了していること

　譲受側は、通常、網羅的かつ広範な表明保証を求めてきますが、安易に表明保証をすると事業承継後に多額の賠償責任を負う可能性があります。

　そのため、譲渡側としては、表明保証の対象を限定する等の方法（例えば、「売主の知る限りにおいて保証する。」といった限定を加える。）により、事業承継後のリスクの軽減を図る必要があります。

　6つ目の遵守事項は、M&Aのクロージング前後の遵守事項に区別できます。

　クロージング前の譲渡側の遵守事項としては、（譲渡企業が譲渡制限会社である場合）株式譲渡の承認、株式譲渡に関する行政上の許認可手続の完了、取引先との契約にCOC条項が存在する場合には取引先への通知・承諾、対象会社の役員の辞任手続などがあります。

　他方、クロージング前の譲受側の遵守事項としては、前提条件充足のための努力義務が定められます。

　また、クロージング後の譲渡側の遵守事項としては、競業避止義務、従業員等の引抜き防止義務などを定める場合があります。

　他方、クロージング後の譲受側の遵守事項としては、従業員の雇用維持を規定する場合があります。株式譲渡の場合には、先ほど説明しましたように、事業を行う主体（会社）に変更はありませんので、従業員との労働契約は従前通り存続します。しかし、事業承継後に譲受人が従業員の給与を引き下げたり、解雇を行う可能性がありますので、従前の従業員の雇用条件を維持することを希望する場合には、従業員の処遇について規定しておく必要があります。

　7つ目の補償条項は、表明保証違反、又は契約上の義務違反があった場合に、相手方に生じた損害を補填する条項です。

　譲渡側としては、事業承継後に多額の補償義務を負うリスクを回避するために、補償金額の上限（損害賠償額は譲渡価格の○％を上限とする）、又は下限（一件の違反につき○万円を下回る額については損害賠

償を求めることはできない）や補償期間を設けておくことが大切です。

　また、通常の補償条項とは別に特別補償条項が規定される場合があります。デューデリジェンスにより発見され買主が知っている事項や重過失により買主が知らない事項については、表明保証違反として損害賠償請求を行うことができない可能性があります（東京地判平成18年1月17日、判例タイムズ1230号206頁）。そのため、デューデリジェンスにより問題点・リスクが発見され、将来損害が予想されるものの、金額が未確定などにより譲渡価格やクロージング前の遵守事項としてリスクヘッジできない事項については、特別補償条項として規定されることがあります。特別補償条項の対象としては、従業員への未払い賃金、土壌汚染等の環境リスク、税務リスクなどがあります。

　特別補償条項は、補償が現実化する可能性が高いので、譲渡側としてはできる限り、特別補償条項は規定しないよう交渉していく必要があります。

　8つ目の解除条項について、通常の契約の場合には、契約を実行した後でも契約が解除される場合もありますが、株式譲渡契約においては一旦クロージングしてしまうと、原状回復を行うことが現実的に困難ですので、契約解除はクロージング前に限定し、クロージング後については補償責任によって譲渡側への責任追及が担保されることが多いです。

(9)　クロージング

　契約当事者（特に譲渡側）は、最終契約締結後、最終契約書で定めたクロージング前の遵守事項を履行し、M&Aの前提条件の充足を目指します。

　最終契約で合意されたクロージング日にM&Aの前提条件の充足確認を行い（前提条件の充足確認は、クロージング当日ではなくクロージング前に行われることもあります。）、株式等の譲渡及び譲渡対価の支払を行います。

4　事業承継型M&Aにおいて留意すべき点

⑴　株式に関して

■ ア　株式の分散

　事業承継において、譲受側は、通常、譲渡企業の発行済株式の100%の取得を希望しますが、中小企業においては税務対策のため親族に株を保有させていたり、相続を繰り返すことで株式が分散しているなど、株式が経営者に集中していないことがあります。

　株式が分散している場合には、譲渡側としては、まず株式を集めることが必要になります。

　話し合いで株式を譲ってもらえれば問題ありませんが、話し合いで株式を譲ってもらえない場合には、会社法の制度を利用して株式を集める必要があります（会社法制度を利用した株式の集約方法については、本書の第2章をご参照ください。）。

■ イ　株券の不交付

　譲渡企業が株券発行会社の場合には、株券の交付が株式譲渡の効力発生要件となり、株券の交付を伴わない株式の譲渡は無効です。

　しかしながら、中小企業においては、株券の交付を伴わない株式譲渡がなされているケースも散見されます。

　なお、平成16年商法改正以前では、全ての会社が株券発行会社とされており、株券発行会社が平成16年商法改正後に定款変更を行い、株券不発行会社になったとしても、それ以前の株式譲渡について株券の交付を伴っていなければ、それらの株式譲渡は無効となります。

　そのため、譲渡企業が現在も株券発行会社である場合はもちろん、現在株券不発行会社であっても過去に株券発行会社であった場合には、過

去の株式譲渡において株券の交付が伴っているかを確認する必要があります。

　株券の交付を伴わない株式譲渡が確認された対応策としては、①過去の株式譲渡について株券交付をやり直す、②特別補償条項を設ける、③株式譲渡以外にストラクチャー変更するなどの方法があります。

■ウ　名義株の存在

　名義株とは、会社の株主名簿に記載されている株主とその株式の実質的な所有者とが一致していない株式のことです。

　平成2年商法改正前は、会社の発起人が7名以上必要とされていたため、人数要件を満たすために名義のみを貸す株主が多くみられました。

　株主名簿上の株主が名義株主である場合、株式を有効に譲渡することはできませんので、株主名義上の株主が株式の実質的な所有者であるか否かを確認する必要があります。

　名義株の権利の帰属に関する判断基準、及び名義株の調査・解消方法については、本書の第2章をご参照ください。

(2)　法人と経営者等の関係の明確な区分・分離

　中小企業においては、①譲渡企業の事業活動に必要な資産を経営者が所有している、②譲渡企業と経営者等との間に債権債務関係がある、③譲渡企業と経営者親族との間に不相当な取引があるなど、法人と経営者との関係が明確に区分、分離されていないことがあります。

　1つ目の譲渡企業の事業上必要な資産を経営者が所有している場合とは、例えば、譲渡企業の事業活動に必要な本社・工場・営業車等の資産が法人所有ではなく、経営者所有となっているような場合です。

　譲受側としては、譲渡企業の事業活動に必要な資産の所有権を取得したいと考えるのが通常ですので、譲渡企業が経営者から資産を譲り受けることが必要になります。

　2つ目の譲渡企業と経営者等との間に債権債務関係がある場合とは、譲渡企業から経営者若しくはその親族に対して貸付がなされている、又は経営者若しくはその親族から譲渡企業に対して貸付がなされている場合などです。

　この場合、事業承継前にこれらの債権債務関係を清算する必要がありますが、弁済にあてる原資がない場合があります。

　譲渡企業に借入債務がある場合には、事業承継に際して当該借入債務も譲受側が譲り受けるという方法があります。

　他方、経営者等に借入債務がある場合には、譲受側が経営者株主の借入金を第三者弁済し、経営者に対する求償権と事業承継でオーナー経営者が取得する代金債権とを相殺する方法が考えられます。

　3つ目の譲渡企業と経営者親族との間に不相当な取引があるとは、譲渡企業の所有する資産（例えば土地等）が経営者の親族に廉価で賃貸されている場合などです。

　この場合、契約当事者が経営者自身ではないので、事業承継にあたり必ずしも取引解消に応じない可能性がありますので、注意が必要です。

⑶　コンプライアンスに関する問題

■ ア　株主総会、取締役会の不開催

　中小企業では、株主総会や取締役会が開催されていないケースも見られます。

　しかし、取締役・監査役の選任、定款変更や組織変更には株主総会の決議が必要ですし、代表取締役の選任には取締役会の決議が必要です。また、譲渡企業の株式が譲渡制限株式であれば承認機関（株主総会、取締役会など）の承認が必要です。

　株主総会や取締役会が開催されていない場合には、株主総会決議又は取締役会決議を要する会社の行為が無効となります。そして、株主総会の決議不存在、及び取締役会決議不存在については、提訴期間がないの

で、時間の経過によって瑕疵が治癒されることはありません。

　したがって、株主総会議事録、取締役会議事録等を確認し、株主総会決議及び取締役会決議を要する議案について決議がなされているかを確認し（議事録があっても実際には開催されていない場合もあるので注意が必要です）、株主総会や取締役会の不開催が確認された場合には、株主総会及び取締役会を適法に招集、開催させ、行うべきであった全ての議案について決議を行うことが必要です。

■ イ　労務問題

　中小企業で散見されるのが残業代の未払いです。

　譲渡企業が、そもそも残業代を支払っていない場合はもちろんのこと、固定残業手当を支払っているとして残業代の支払の必要がないと認識している場合でも、固定残業手当が法的には無効である場合もあります。

　したがって、固定残業手当を支払っている場合でも、それが法的に有効であるのかを検討する必要があります。

第9章

事業承継税制の特例措置における税理士損害賠償防止法

1 はじめに

　平成30年度税制改正で「法人版事業承継税制」の特例措置が制定され、令和元年税制改正で「個人版事業承継税制」が制定されています。これらの税制は、事業承継に伴い税負担が大きかった贈与税・相続税の納税猶予・免除を定めたものです。

　要件を満たしたまま最後の免除の手続まで完了すれば、納税者のメリットは非常に大きいものになりますが、特に、法人版事業承継税制に関しては、税理士業界では、その適用に消極的な方が多いような印象を受けています。

　理由を聞いてみると、「打ち切りリスクがたくさんあって、危ない」「納税猶予の打ち切りになった時に税理士の責任になるのではないか」などという不安があるようです。つまり、途中で納税猶予・免除が打ち切られてしまうリスクがあり、納税者の贈与税・相続税の税負担のリスクが大きい、という点と、その場合に税理士の注意義務違反として損害賠償請求を受けるリスクがある、という点です。

　そこで、この章では、税理士向けに、事業承継税制のうち、法人版の贈与税の納税猶予・免除制度（特例措置）を適用する場合における税理士損害賠償リスクを可能な限り回避する方法について解説したいと思います。相続税や個人事業版においても、要件や手続等が異なりますが、考え方としては同じですので、本章の考え方を当てはめて応用していただければと思います。

2　事業承継税制の特例措置の流れ

　贈与税に関する事業承継税制の特例措置とは、受贈者（後継者）が、経営承継円滑化法の認定を受けている非上場株式等を贈与により取得した場合、その非上場株式等にかかる贈与税について、その納税を猶予し、先代経営者の死亡等により納税が猶予されている贈与税が免除される、という制度です（租税特別措置法70条の7の5）。

　事業承継税制の特例措置は、大まかに、次のように進んでいきます。

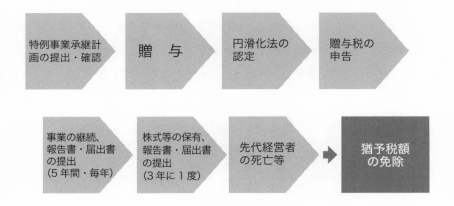

　まず、「特例承継計画」の提出確認です。

　この手続は、平成30年4月1日～令和5年3月31日までに行う必要があります。

　次に、贈与を行います。

　事業承継税制の特例措置は、令和9年12月31日までの贈与に適用されますので、それまでに贈与を実行する必要があります。

　贈与の翌年には、贈与税の申告を行います。

　贈与の後に、経営承継円滑化法第12条1項の認定を受けます。

　その後、5年間の特例承継期間中、株式保有要件など納税猶予の打ち

切り事由に該当しないよう留意しつつ、「年次報告書」及び「届出書」を年に1回ずつ提出し続けることになります。

　特例承継期間経過後は、株式保有要件など納税猶予の打ち切り事由に該当しないよう留意しつつ、「年次報告書」及び「届出書」を3年に1回ずつ提出し続けることになります。

　そして、先代経営者が死亡等すると、猶予税額が免除されるというような流れになっています。

　先代経営者が死亡した場合の相続については、特例後継者が先代経営者から事業承継税制の特例の適用にかかる非上場株式等を相続により取得したものとみなされます（租税特別措置法70条7の1号）。

　そこで、贈与税から相続税への切替等の手続を行う等をしていきます。

　本書では、事業承継税制の解説をすることを目的にしていませんので、詳しくは、解説書を参照していただければと思います。

3 税理士損害賠償リスクの10段階

　では、この流れの中でどういう税理士損害賠償リスク（納税者のリスクと同時に税理士のリスクが発生します。）が発生するか、ということです。

　まだ始まったばかりなので、裁判例はありませんが、現時点で想定できる特例事業承継税制の税理士損害賠償のリスク段階は10段階です。

(1)　当初説明・助言段階

(2)　自社株対策

(3)　特例承継計画の作成・提出

(4)　特例承継計画の変更申請書の提出

(5)　贈与税・相続税申告書作成・申告代理

(6)　経営承継円滑法第12条1項の認定申請・確認

(7)　特例承継期間中（毎年1回）および特例承継期間経過後（3年に1回）における年次報告書、継続届出書の期日管理および提出

(8)　特例承継期間中および特例承継期間経過後において打ち切り事由への対応（雇用確保要件含む）

(9)　贈与税の納税猶予から相続税の納税猶予への切替確認

(10)　贈与税・相続税の免除申請

　1つ目は、当初この事業承継税制の特例措置を説明・助言する段階です。ここで、説明が誤っていた、説明をすべきであるのに説明をしなかった、などによって依頼者が損害を被る場合があります。

　2つ目は、自社株対策の段階です。事業承継税制の特例措置では、一定の要件に該当した場合に、納税の猶予が打ち切られてしまうことになり、多額の納税が生ずる可能性があります。そこで、納税猶予の打ち切りリスクに備え、事前に株価評価を下げておく、という場合があります。

その自社株対策でミスをすることが想定されます。

　3つ目は、特例承継計画の作成・提出段階です。この段階では、実務書などを確認しながら処理を進めることになるとは思いますが、この段階でミスが発生する可能性があります。

　4つ目は、特例承継計画の変更申請段階です。

　特例承継計画は、1回出したら変更できないわけではなく、後で変更することができますので、その変更申請の段階です。

　5つ目は、贈与税・相続税申告書作成、申告代理の段階です。これは日常的に行う税務書類の作成及び申告代理での税理士損害賠償のリスクと同じです。

　6つ目は、経営承継円滑化法12条1項の、認定申請・確認の段階です。

　7つ目は、特例承継期間中にわたり年1回、特例承継期間経過後は3年に1回の「年次報告書」、「届出書」を提出しますので、これを失念したり、間違えたり、というリスクがあります。ここでミスをすると、納税猶予が打ち切られることになります。

　8つ目は、特例承継期間中および経過後において、打ち切り事由への対応段階です。

　従業員の雇用確保要件があったり、減資してはいけないとか、色々な納税猶予の打ち切り事由がありますが、これを監視したり、対応したり、そういうことが税理士に求められる場合に税理士損害賠償リスクが高まるということです。

　9つ目は、贈与税の納税猶予から相続税の納税猶予への切り替えの時です。

　10番目が、贈与税・相続税の最後の免除申請の段階、ということになります。

　このように、事業承継税制の特例措置を適用するには多くの税理士損害賠償リスクが潜んでいるということになります。

4 税理士損害賠償の7つの理由

次に、想定される損害賠償請求の理由について検討します。

損害賠償請求の理由については、主に以下のような7つが考えられます。

① 説明助言義務違反（不作為）

② 説明助言義務違反（誤り）

③ 適用の過誤

④ 各種書類・届出書の提出失念

⑤ 申告書等への適用明記、添付書類漏れ

⑥ 期日管理に関する説明助言義務違反

⑦ 打ち切り事由に該当しないよう監視・指導をする義務違反

まず1番目は、税理士の説明助言義務違反です。

説明すべきだったのに税理士が説明しなかったということで損害賠償を受けるパターンです。

2番目も説明助言義務違反ですが、説明助言が誤っていたとして損害賠償請求を受ける場合です。これについては、適宜実務書などを確認しながら説明助言をしていく必要があります。

3番目は、適用の過誤です。

要件欠缺などですが、ここは実務書を見ながら、業務を進めていく必要があります。

4番目は、各種書類・届出書の提出失念です。

特に、特例承継期間内の年1回の年次報告書や届出書、特例承継期間経過後の3年に1回の報告書や届出書を忘れたのが納税者の責任なのか、税理士の責任なのかが争われることが予想されます。

5番目は、申告書等への適用明記、添付書類漏れなどです。

これは業務の段階できっちりやっていただきたいと思います。

　6番目は、期日管理に関する説明助言義務違反です。

　特例承継期間内の年1回の年次報告書や届出書、特例承継期間経過後の3年に1回の報告書や届出書の提出責任が納税者にあるとしても、納税者が届出書等を提出しなかったときに「先生、なぜ、言ってくれなかったんですか」というようなことから損害賠償に発展する可能性があります。

　7番目は、打ち切り事由に該当しないよう監視・指導をする義務違反です。事業承継税制の特例措置の適用を受ける場合には、納税猶予の取消事由が多数定められています。納税者が取消事由に該当する行為をしようとしている場合において、税理士がそのことを知り、又は知り得べき時に、取消事由に該当しないよう助言しなかった、ということで損害賠償請求に発展する可能性があります。

5 納税猶予の取消事由

⑴　はじめに

　事業承継税制の特例措置の適用を受け、納税が猶予されている場合において、一定の事由が生じた場合には、納税猶予が取り消され、納税が猶予されている贈与税の全部又は一部について、利子税と併せて納付することとなります。

　これらは、納税が猶予され、最終的に免除された場合には納付する必要がないものですので、税理士の善管注意義務による場合には、納税者から損害賠償請求を受ける可能性があります。

⑵　特例承継期間（5年間）の取消事由

　特例承継期間（5年間）における納税猶予の取消事由は主に下記の通りです（全てではありません）。

　①　上場会社等又は性風俗営業会社に該当したこと
　②　贈与日又は相続開始の日の従業員数の8割以上を5年間平均で維持する要件を満たさなくなったこと（ただし、認定経営革新等支援機関の支援により回避する方法があります）
　③　特別関係会社が、性風俗営業会社に該当したこと
　④　後継者以外の株主が拒否権付き株式を保有したこと
　⑤　後継者が取得した株式の議決権に制限を加えたこと
　⑥　後継者が会社の代表者でなくなったこと
　⑦　後継者グループで過半数の議決権を有さなくなったこと、又は、後継者が後継者グループの中で筆頭株主でなくなったこと
　⑧　贈与税の納税猶予の場合は、先代経営者が代表権に戻ること

(3) 特例承継期間及び、それ以後も継続する主な取消事由

① 資産保有型会社又は資産運用型会社に該当したこと

② 事業年度の総収入金額がゼロになったこと

③ 資本金・資本準備金を減少したこと

④ 会社の解散、合併による消滅、分割型分割による会社分割、株式交換等による子会社化

⑤ 期限までに税務署に報告をしなかったこと、又は、報告内容と事実が相違すること

⑥ 税務署に事業承継税制の適用をやめる旨の届出書を提出したこと

⑦ 後継者が、対象株式を譲渡又は贈与したこと

6 事業承継税制を受任しなくても損害賠償請求される可能性

　事業承継税制の特例措置のリスクを考慮し、顧問先から希望があったとしても、自らは関与せず、資産税を専門的に扱う他の税理士を紹介する、という税理士もいると思います。

　「顧問契約に基づく業務はやるけれども、事業承継税制は他の事務所に委託する」という方法です。

　この方法により、税理士損害賠償請求を回避できるか、というと、その場合でも、損害賠償請求を受ける可能性は残ることになります。

　たとえば、顧問契約をしている法人に関する事業承継について、他の税理士を紹介し、手続をしたとします。ところが当該法人が資本金の減少手続をし、納税の猶予が打ち切られたとします。

　この場合、納税者は、顧問税理士に対し、次のように主張する可能性があります。

　「事業承継は、他の事務所に依頼したが、顧問税理士は、当社が事業承継税制の特例措置を適用したこと、本件資本減少手続をする際に税務相談を受けたので、減資をすることを知っていたことから、納税猶予の取消事由に該当する旨の説明助言をする注意義務があったのに、それを怠った」

　この場合、顧問税理士は、事業承継に関する業務は、顧問契約の業務範囲外だという認識を有していると思います。ところが、納税者側は、同じ法人に関する税務であり、顧問税理士の業務範囲内である、という認識を有している場合があります。

　顧問税理士が契約を締結しているのは、法人のみであり、納税猶予の打ち切りにより損害を被るのは受贈者等の個人となりますが、税理士損害賠償請求の法律構成は、不法行為構成もありますので、契約関係にな

くても、損害賠償請求を受ける可能性がある、ということになります。

　このように、顧問先に対して、事業承継税制の特例措置に関しては、他の税理士を紹介し、当該税理士が手続を行ったとしても、損害賠償請求を受ける可能性を排除することは難しいと考えます。

　このような事態を避けるためには、顧問契約書などにおいて、事業承継に関する業務を顧問契約の業務範囲から除外しておく、という方法があります。

　たとえば、次のような文言を顧問契約書に書いておくことが考えられます。

第〇条　甲と乙は、甲における事業承継に関する助言・手続・期日管理等は、本件委任業務の範囲外とし、乙は、事業承継に関する助言・手続・期日管理等をする義務を負わない。

7 税理士損害賠償リスクを低減するための多段階契約システム

　税理士が事業承継税制の特例措置に関する業務を受任する場合の損害賠償リスクが高いことについては、前述のとおりです。

　そして、その中でも紛争になりやすいのが、税理士としては、業務範囲外だという認識でいるにもかかわらず、納税者側では、業務範囲内である、と認識している場合です。

　たとえば、税理士が、特例事業承継計画をとりあえず出しておく、という業務を受任したとします。その場合、税理士としては、提出すれば業務が終了し、その後の手続については改めて契約を締結しない限り業務の範囲外と考えるでしょう。そして、後継者の変更等特例事業承継計画を変更する必要が生じたとします。税理士がその事実を知ったとして、事業承継税制の特例措置にかかる承継計画の変更の届出に思い至らない場合には、手続の欠缺が生じてしまうことになります。そのまま贈与が実行されて手続が進み、事業承継税制の特例措置の要件を満たさないことが明らかになった時、その損害は誰が負担するのか、というような問題が生じます。

　事業承継税制の特例措置の適用においては、特に、特例承継期間中及び経過後における報告書・届出書の提出失念の際にこのような紛争が予想されるところです。

　このような認識の齟齬に基づく損害賠償の紛争を可能な限り低減するための方法が、5段階に契約を分ける、というシステムです。

　5段階というのは、以下のような段階です。

【第一段階】（当初説明助言業務）

【第二段階】 特例承継計画の作成・提出支援（変更）

【第三段階】 贈与税・相続税申告代理業務

【第四段階】 経営承継円滑法第12条1項の認定申請にかかる支援

【第五段階】 その後の業務（年次報告書の提出等を当該年度毎に締結）

　第一段階は「当初説明助言業務」だけを受任するという方法です。

　「自社株の評価」や「事業承継税制の特例措置の制度の説明」、あるいは「贈与税や相続税の資産対策等の助言業務」をまず初めに受任して、その他の事業承継業務を業務の範囲から除外するということです。

　第二段階として、「特例承継計画作成・提出段階」がありますので、この支援業務、あるいは「変更申請書の提出業務」、などを単発で受任し、その他の業務を委任業務から除外します。

　三段階目は、「贈与税・相続税の申告業務」、これも単発で受任します。

　四段階目は、「経営承継円滑化法の認定申請に係る業務」、これも単発で受任し、それ以降の年次報告書や届出書、打ち切り事由に該当しないよう助言するような業務を除外します。

　五段階目は、その後の業務、「年次報告書の提出等」がありますが、これも当該年度毎に個別に受任し、翌年以降の業務を業務範囲から除外する、という方法をとります。

　通常は、依頼者は、「税理士に任せたから、税理士がやってくれるだろう」と考えています。

　しかし、税理士の側は、「そんなことまで受任していませんよ」と考えていることも多いものです。

　つまり、受任範囲の認識に齟齬があり、それが原因で税理士損害賠償に発生することも多いのです。

　そこで、5段階契約にすることにより、特例事業承継税制における受任業務の範囲を1回1回依頼者と確認しあいます。

　そして、何が依頼者の責任範囲で、何が税理士の責任範囲かを確認しあうのです。

　この方式により、認識のズレがなくなりますので、それによる税理士損害賠償を防ぐことができる、ということになります。

8　契約における業務範囲の認定

　多段階契約により、業務毎に個別に契約書を締結する、という方法は、業務範囲を明確にし、契約書に記載されていない業務を業務範囲から除外することを目的とします。

　ここで、過去の裁判例をご紹介したいと思います。

　東京地裁の平成24年3月30日判決（判例タイムズ1382号152頁）です。

　税理士が勝訴したのですが、契約書が締結されていた事例です。

　判決は、「顧問契約上、なすべき義務は契約書に明記された税務代理や税務相談等の事項に限られる」「依頼者の業務内容を積極的に調査し、または予見して税務に関する経営判断に資する助言・指導を行う義務はない」と判示し、契約書の記載内容を重視して、契約範囲を認定しました。

9 多段階契約システムの内容

　多段階契約システムは、個別業務毎に契約し、その他の業務を業務範囲から除外するものです。

　そこで、第一段階の契約では、第二段階以降の業務を業務範囲から除外することになります。

　たとえば、第一段階の「当初説明助言業務」では、以下のように記載することになります。

「業務範囲」

1　自社株式の評価額算定　　　金●円
　　不動産その他の鑑定費用・専門家費用は含まれません。

2　事業承継税制の説明及び適用判定　　　金●円

3　事業承継税制利用における本契約期間における贈与税・相続税の試算と対策助言　　　金●円

※以下は業務範囲に含まれません。別途契約となります。
1　自社株対策（組織再編含む）
2　事業承継税制の特例措置における特例承継計画の作成・提出から始まる事業承継税制の全ての手続及び期日管理並びに助言
※なお、特例承継計画は2023年3月31日が提出期限となりますので、ご希望の際はお申し出ください。

　上記の「※」の記載により、事業承継税制の特例措置に関する手続や助言等を本件業務範囲から除外することが明確になり、将来、手続の失念等があったとしても、税理士としては、業務範囲外である、という主張が可能となります。

　なお、多段階契約システムについては、税理士による「税賠逃れ」と感じる方がいるかもしれませんが、決してそうではありません。

　納税猶予、免除によって利益を受けるのは、受贈者等です。税理士は、その手続の支援等を行う立場にあります。免除に至るまでは、受贈者は毎年納税猶予という利益を享受するわけですから、納税猶予という利益を受け続けるための要件を常に頭に入れておく必要があります。また、納税猶予を受けるための手続である報告書や届出書の提出を失念することなく憶えておく必要があります。その手続や助言を求めるために、税理士に依頼をするものです。

　だとすると、「税務は全て税理士に任せた」ということではなく、受贈者等が事業承継税制の特例措置を適用し続けるための要件をよく理解し、自らの責任において納税猶予の打ち切り事由に該当しないよう事業を行っていく必要があるはずです。

　そのための責任の所在を明確にするのが、多段階契約システムということになります。

　多段階で受任契約書を締結する際には、依頼者には、この点をよく説明し、ご理解をいただく必要があると思います。

　そして、第二段階は、事業承継計画書提出の段階です。同計画書は、2023年3月31日までに提出する必要があります。

　第一段階の契約書では、事業承継計画書の提出業務は、業務から除外していますので、同計画書提出業務を受任する際には、改めて契約書を締結することになります。そして、契約書は事業承継計画書を実際に作成・提出する時点で受任します。

　なぜなら、何年も前に前もって契約してしまうと、出し忘れてしまう可能性があるからです。

　そして、事業承継計画書は、後日、内容に変更があった場合には、変更申請書を出すことができますが、この変更申請書の提出業務も業務範

囲から除外しておきます。除外しておかないと、内容に変更を生じたことを知っていたにも関わらず、変更申請書の提出を助言しなかった場合に損害賠償責任を問われる可能性があります。事業承継計画の内容を変更した際に、その変更が事業承継計画の変更に該当し、変更申請書の提出が必要となるかどうかの税務相談を税理士に対して行うのは、納税者の責任である、という趣旨です。

　そして、その後の手続を業務範囲から除外することになります。

　第三段階は相続税・贈与税の税務申告書の作成・提出段階です。これは、通常の税務書類の作成、申告書特有の税理士損害賠償リスクということになりますので、個別に委任契約書を作成します。

　そして、個人と契約をする際には、消費者契約法が適用されますので、損害賠償の上限を定める場合には、消費者契約法に沿った記載をすることになります。

　消費者契約法第8条は、概要を次のように規定しています。

　1　次に掲げる消費者契約の条項は、無効とする。
　　一　事業者の債務不履行により消費者に生じた損害を賠償する責任の全部を免除し、又は当該事業者にその責任の有無を決定する権限を付与する条項
　　二　事業者の債務不履行（当該事業者、その代表者又はその使用する者の故意又は重大な過失によるものに限る。）により消費者に生じた損害を賠償する責任の一部を免除し、又は当該事業者にその責任の限度を決定する権限を付与する条項
　　三　消費者契約における事業者の債務の履行に際してされた当該事業者の不法行為により消費者に生じた損害を賠償する責任の全部を免除し、又は当該事業者にその責任の有無を決定する権限を付与する条項

> 四 消費者契約における事業者の債務の履行に際してされた当該事業
> 者の不法行為（当該事業者、その代表者又はその使用する者の故意
> 又は重大な過失によるものに限る。）により消費者に生じた損害を賠
> 償する責任の一部を免除し、又は当該事業者にその責任の限度を決
> 定する権限を付与する条項
> 2 消費者契約が有償契約である場合において、当該消費者契約の目的物
> が種類又は品質に関して契約の内容に適合しないこと（当該消費者契
> 約が請負契約である場合には、請負人が種類又は品質に関して契約の
> 内容に適合しない仕事の目的物を注文者に引き渡したとき。次項にお
> いて同じ。）に、これにより消費者に生じた損害を賠償する事業者の責
> 任の全部を免除し、又は当該事業者にその責任の有無もしくは限度を
> 決定する権限を付与する条項

　したがって、贈与税や相続税業務など、消費者との委任契約において、税理士の損害賠償責任を免除する条項などを規定すると、その条項自体は無効になることになります。

　そこで、例えば、以下のように規定することになります。

> （例）
> 　乙（税理士）が甲（依頼者）に対し、損害賠償債務を負担するときは（故意又は重過失に基づく場合を除く）、その賠償額の上限は、本契約に基づく報酬額を上限とする。

　また、特に相続税の申告業務においては、説明助言義務が問題となることが多いので、契約時に一般的な説明書、同意書を得ておくのが、後の税理士損害賠償リスクを低減させることになります。

　ところで、事業承継税制の特例措置を受任する際に、対象法人と契約を締結すれば、消費者契約法の適用を免れるのではないか、との疑問を抱く場合があります。確かに、債務不履行に基づく損害賠償請求であれば、契約を締結している法人からのみ請求を受けることになります。

しかし、損害賠償請求の法律構成には、債務不履行の他に、不法行為に基づく損害賠償請求があります。不法行為に基づく損害賠償請求は、契約関係に基づかない第三者からも請求することが可能となりますので、法人とのみ契約を締結することで、損害賠償請求を防止することはできません。さらに、受贈者等の契約を締結しない場合には、納税猶予の打ち切りなどで最も損害を被る受贈者等に対し、契約書の効力を及ぼすことができなくなる、というデメリットがあります。

　第四段階の契約は、認定申請の段階です。ここでも同じく、それ以降の手続を業務範囲から除外します。

　これ以降、特例承継期間中、毎年1回および特例承継期間経過後3年に1回の年次報告書、継続届出書が必要となりますが、これら報告書と届出書の提出を怠ると打ち切り事由になること、その他の打ち切り事由を説明したことを契約書に記載しておくことも有用です。

　第五段階は、年次報告書等の提出段階です。

　特例承継期間中、毎年1回および特例承継期間経過後3年に1回における年次報告書、継続届出書の提出を個別に受任します。

　提出する際に、その1回のみを受任し、次年度以降の助言及び提出業務を業務範囲から除外します。あくまでも期日管理をするのは、納税猶予・免除で利益を受ける納税者がその責任において行う、という趣旨です。

　したがって、期日管理及び打ち切り事由に該当しないことの管理はあくまで納税者に責任がある旨を明記します。

　また、特例承継期間中および特例承継期間経過後において打ち切り事由に該当しないよう積極的に調査・監視などを行うコンサルタント業も業務範囲から除外します。

❖参考文献❖

【第1章】

中村廉平編著『中小企業の事業承継』(有斐閣、2017年)

東京弁護士会中小企業法律支援センターほか『弁護士専門研修講座　これだけは押さえておきたい！事業承継支援の基礎知識』(ぎょうせい、2019年)

日本弁護士連合会、日弁連中小企業法律支援センター編集『事業承継法務のすべて』(一般社団法人金融財政事情研究会、2018年)

中小企業庁『2019年版　中小企業白書』

【第2章】

中小企業庁『事業承継ガイドライン』(2016年)

江頭憲治郎『株式会社法　第7版』(有斐閣、2017年)

中村廉平『中小企業の事業承継』(有斐閣、2017年)

相澤哲『Q&A会社法の実務論点20講』(一般社団法人金融財政事情研究会、2009年)

東京弁護士会中小企業法律支援センターほか『弁護士専門研修講座　これだけは押さえておきたい！事業承継支援の基礎知識』(ぎょうせい、2019年)

日本弁護士連合会、日弁連中小企業法律支援センター編「事業承継法務のすべて」(一般社団法人金融財政事情研究会、2018年)

都井清史『種類株式を活用した事業承継・相続対策』(一般社団法人金融財政事情研究会、2018年)

松尾拓也ほか『スクイーズ・アウトの法務と税務　第2版』(中央経済社、2018年)

【第3章】

信託を活用した中小企業の事業承継円滑化に関する研究会「中間整理〜信託を活用した中小企業の事業承継の円滑化に向けて〜」(2008年)

中小企業庁「事業承継ガイドライン」(2016年)

新井誠ほか「コンメンタール信託法」(ぎょうせい、2008年)

神田秀樹・折原誠「信託法講義　第2版」（弘文堂、2019年）

田中和明「詳解民事信託—実務家のための留意点とガイドライン」（日本加除
　　出版株式会社、2018年）

三菱UFJ信託銀行「信託の法務と実務　6訂版」（一般社団法人金融財政事情
　　研究会、2015年）

日本弁護士連合会ほか「事業承継法務のすべて」（一般社団法人金融財政事情
　　研究会、2018年）

東京弁護士会中小企業法律支援センターほか「弁護士専門研修講座　これだ
　　けは押さえておきたい！事業承継支援の基礎知識」（ぎょうせい、2019年）

中村廉平「中小企業の事業承継」（有斐閣、2017年）

伊庭潔ほか「信託法からみた民事信託の実務と信託契約書例」（日本加除出版
　　株式会社、2017年）

【第4章】

経済産業省ほか「―経営承継円滑化法―申請マニュアル【相続税、贈与税の
　　納税猶予制度の特例】」（2020年）

中小企業庁「事業承継の際の相続税・贈与税の納税猶予及び免除制度」（2017年）

中小企業庁『中小企業経営承継円滑化法申請マニュアル「金融支援」』（2018年）

中小企業庁「遺留分に関する民法特例のポイント（会社向け）」（2019年）

中小企業庁「平成30年度事業承継税制の改正の概要」（2018年）

中小企業庁「事業承継を円滑に行うための遺留分に関する民法の特例」（2019年）

国税庁「非上場株式等についての贈与税・相続税の納税猶予・免除（法人版
　　事業承継税制）のあらまし」（2019年）

東京弁護士会中小企業法律支援センターほか「弁護士専門研修講座　これだ
　　けは押さえておきたい！事業承継支援の基礎知識」（ぎょうせい、2019年）

弁護士法人リバーシティ法律事務所「事業承継の対策と進め方がよ～くわか
　　る本」（秀和システム、2019年）

【第6章】

愛知県弁護士会法律研究部編「改訂版　Q&A遺留分の実務」（新日本法規出版、

2011年）

久貴忠彦編集代表「遺言と遺留分　第2巻　遺留分　第1版」（日本評論社、2011年）

東京弁護士会中小企業法律支援センターほか「弁護士専門研修講座　これだけは押さえておきたい！事業承継支援の基礎知識」（ぎょうせい、2019年）

森・濱田松本法律事務所、MHM税理士事務所編「設例で学ぶオーナー系企業の事業承継・M&Aにおける法務と税務」（商事法務、2018年）

【第7章】

森・濱田松本法律事務所、MHM税理士事務所編「設例で学ぶオーナー系企業の事業承継・M&Aにおける法務と税務」（商事法務、2018年）

田中亘「会社法」（東京大学出版会、2018年）

中小企業庁「事業承継ガイドライン」（2016年）

日本弁護士連合会ほか「事業承継法務のすべて」（一般社団法人金融財政事情研究会、2018年）

江頭憲治郎「株式会社法　第7版」（有斐閣、2017年）

税理士法人タクトコンサルティング編「法務・税務のすべてがわかる！事業承継実務全書」（日本法令、2018年）

第二東京弁護士会事業承継研究会編「一問一答　事業承継の法務」（経済法令研究会、2010年）

【第8章】

柴田堅太郎「中小企業買収の法務　事業承継型M&A・ベンチャー企業M&A」（中央経済社、2018年）

中村廉平「中小企業の事業承継」（有斐閣、2017年）

❖編著者略歴❖

【編著者】

弁護士・税理士　谷原　誠

弁護士法人みらい総合法律事務所

〔主な著書〕

「税務のわかる弁護士が教える　税理士損害賠償請求の防ぎ方」（ぎょうせい）

「税務のわかる弁護士が教える　税務調査に役立つ"整理表"」（ぎょうせい）

「税務のわかる弁護士が教える　相続税業務に役立つ民法知識」（ぎょうせい）

「税務のわかる弁護士が教える　税務調査における重加算税の回避ポイント」
　　（ぎょうせい）

「税理士SOS　税理士を守る会　質疑応答集」（ロギカ書房）

他多数

【執筆者】

弁護士　前田　真樹

弁護士　岩本健太郎

弁護士　西宮　英彦

弁護士　小林　大貴

弁護士　山口　明彦

弁護士　岩寺　剛太

税務のわかる弁護士が教える
税賠トラブルを防ぐ事業承継対策

令和 2 年 9 月 10 日　第 1 刷発行

編　著　谷　原　　誠

著　者　弁護士法人みらい総合法律事務所

発　行　株式会社 **ぎょうせい**

〒136-8575　東京都江東区新木場 1 - 18 - 11
電話　編集　03-6892-6508
営業　03-6892-6666
フリーコール　0120-953-431

URL：https://gyosei.jp

〈検印省略〉

印刷　ぎょうせいデジタル㈱　　　　　　©2020 Printed in Japan
※乱丁・落丁本はお取り替えいたします。

ISBN978-4-324-10862-8
(5108629-00-000)
〔略号：弁護士事業承継〕